日本年金制度精解

翟申骏　著

内容提要

随着社会的发展，家庭规模正在逐渐变小。因此，当一个人的生计遭遇突发情况时，其获取家庭内部成员救济的机会相对减少。而且，随着医疗的发展，现代人的寿命越来越长，完善年金制度对于一个国家的稳定是极其必要的。本书对日本年金制度做出归纳及总结，并对其相关法律条文做出了逐条解析，以便读者了解日本年金制度，我国也可以从中获得借鉴。

图书在版编目(CIP)数据

日本年金制度精解／翟申骏著．—上海：上海交通大学出版社，2019(2021重印)
ISBN 978-7-313-20574-2

Ⅰ．①日…　Ⅱ．①翟…　Ⅲ．①养老金—劳动制度—研究—日本　Ⅳ．①F249.313.134

中国版本图书馆CIP数据核字(2018)第270009号

日本年金制度精解
RIBEN NIANJIN ZHIDU JINGJIE

著　　者：翟申骏
出版发行：上海交通大学出版社
地　　址：上海市番禺路951号
邮政编码：200030
电　　话：021-64071208
印　　制：江苏凤凰数码印务有限公司
经　　销：全国新华书店
开　　本：880mm×1230mm　1/32
印　　张：10.5
字　　数：214千字
版　　次：2019年11月第1版
印　　次：2021年8月第2次印刷
书　　号：ISBN 978-7-313-20574-2
定　　价：58.00元

前言 | Preface

年金(养老保险金)制度是保障人们年老之后安定生活的重要社会保障制度,当今世界许多国家为了保障社会福祉都设立了年金制度。随着现代社会人口老龄化问题的日益严重,世界各国由于年金制度的财政问题及其他社会问题而准备对年金制度进行改革。在此背景下,笔者认为有必要将年金制度与政策、法律制度、经济之间的关联性进行详细分析。

日本的年金制度起源于明治初期的1875年的海军恩惠给付制度,至今已发展成为成熟的年金法律制度。年金是人们老年生活的重要保障,也是政府向长期对社会做出贡献的公民所表达的一份感激之情,还可以说是对公民长寿的一份贺礼。一个国家要想成为高幸福感的国家,必须完善年金相关的法律制度。

我国和日本等发达国家的社会条件和经济发展情况有所不同,社会保障的发展水平也大有不同,但是,社会保障制度的基本属性以及社会作用是相同的,因此,我国和日本等发达国家的年金制度是可以互相借鉴的,研究日本的年金制度对我国年金制度的发展也有着现实的意义。

日本在其经济高度发展时期制定的社会保障政策没有预见到很多将来可能发生的问题，因此，之后不得不实行了改革。我国可以参考日本等发达国家的经验及教训，制定具有长期性的社会保障政策。

本书是笔者在读硕士及博士期间的研究成果的总结，主要在学理上和实务上将年金制度的理论介绍给广大读者。

本书围绕日本的年金制度展开讨论，由年金制度概论、日本国民年金、日本厚生年金、日本企业年金、年金受给付权、年金业务治理、年金投资论、国外各类的年金制度、中日年金制度的比较、日本年金制度今后的发展等内容所组成。在论述日本的年金制度的同时，也对年金政策理论及立法理论进行阐释。年金是所有人年老生活中不可欠缺的要素，对我国来说也好，对日本来说也好，关于年金制度的学术讨论是具有现实意义的。如果本书的出版对需要年金制度相关信息的各位以及致力于年金制度研究的学者和实务人员有所帮助的话，将不胜荣幸。

笔者在日本庆应义塾大学后期博士课程主要从事关于法政策学、信托法、中日投资贸易法律实务、年金制度理论方面的研究。在“The 1st International Conference of Smart World - 2017”等国际会议上也发表过相关研究成果。此外，目前还是上海律师协会的成员。

笔者在大学毕业时被评为“上海市优秀毕业生”，通过司法考试之后在上海的律师事务所工作了一段时间，由于客户群中日本客户较多，因此，作者决定赴日研究日本法律制度及中日法律制度比较等方面的法律实务。

笔者在日本留学期间曾获得前驻华大使丹羽宇一郎颁发的研究经费，一直希望能够做出可以对社会的进步与发展有所帮助的研究成果，并始终秉承着“研究是一种使命”这一理念，在日本留学之时，一直想把自己的研究成果贡献给自己的祖国以回报国家和社会，所以，将自己多年研究的成果以本书的形式出版。今后也希望可以为中日两国的学术交流尽一份绵薄之力。

拙作的出版需要感谢各方面的人士的帮助。首先，应该感激在博士时期作为导师对作者进行细心指导的新保教授。另外，庆应义塾大学的山田老师、斋藤老师、和田老师，青山学院大学的土桥老师，复旦大学的郭老师，上海政法大学的曹俊金老师，中日友好协会的丹羽前驻华大使、桥本老师以及 T&K 律师事务所的各位律师对本书提供了很多宝贵的意见。华东政法大学的陈老师对本书进行了校对及修改，日本庆应义塾大学的曹梦飞同学也对本书的出版提供了很多帮助。在此表示深深的感谢。

最后，作者想向母校庆应义塾大学以及提供本次出版机会的上海交通大学出版社表示心中的感激之情。

作者：翟申骏(ZHAI SHENJUN)

所属：庆应义塾大学后期博士课程

庆应义塾大学 SFC 研究所 上席所员

上海律师协会

个人邮箱：taku199027@gmail. com

日期：2018 年 7 月 23 日

はしがき

世界各国は，老後の福祉のために年金制度を設けています。年金制度は老後の安定的な生活を保障するための大切な社会保障制度です。少子高齢化がグローバル的な傾向になるに伴い，世界各国は年金制度の財政破綻等の問題に直面し年金政策改革を迫られてきました。こうした背景の中で，年金制度と政策・法制度・経済との関連を解明することが重要な課題となりつつあります。

日本の年金制度については明治初期の明治 8 年に始まった海軍恩給制度から発展してきて，成熟な法制度になりました。年金というのは，老後の生活を支える重要な社会保障給付であり，長く社会に貢献した人に対する感謝のお金であります。国民の長寿に対するお祝い金でもあります。幸福度の高い国になるために，年金制度に関する法整備をきちんとしなければなりません。

中国と日本などの先進国の社会条件・経済の発展状況は異なり，社会保障の発展段階と水準も大きくかけ離れておりますが，社会保障の基本的属性及びその社会的役割が同じですので，中国と日本などの先進国の年金制度の相互参考が可能となり，現実的意義を持っています。

日本が経済の高度成長期に制定した社会保障政策は，将来的に発生可能なことを予見することができず，その後の改革は実際にはやむを得ず実行したものになりました。中国は，先進国の経験や教訓を参考にして，長期的な社会保障政策を制定しなければならないです。

本書は，執筆者の大学院時代の研究成果をまとめて，年金制度の基本的な考え方について，理論的，実務的な観点から執筆したものです。

本書は，日本の年金制度を紹介する本であり，年金制度概論，国民年金，厚生年金，企業年金，年金受給権，年金ガバナンス，年金投資論，海外諸国の年金制度，中日年金制度の比較，日本年金制度のこれからから構成されています。日本の年金制度を説明しながら，年金政策論・立法論も論じました。年金は人々の老後の生活に不可欠のものであり，中国にとっても，日本にとっても，年金制度の在り方や方向性に関する議論は現実的な必要性があります。本書の出版によって，年金に関する情報の需要があり，または年金制度に関心を持っている学者，実務家，一般の方の役に立てば幸いです。

執筆者は現在上海弁護士会に登録しながら，慶應義塾大学後期博士課程で研究をしております。大学院時代は，主に，法政策学，信託法，日中投資貿易法律実務，年金制度論の研究をしております。「The 1st International Conference of Smart World－2017」等の会議で研究成果を発表しました。

執筆者は，大学卒業時「上海市優秀卒業生」と評価され，中国国家司法試験に合格し，上海の法律事務所で経験を積みました。その時，クライアントの6割は日本企業の方ですので，日本法や日中法制度の比較に関する研究をするために，上海から日本に留学して参りました。

日本に在学時，元駐中国大使の丹羽宇一郎先生からの奨学金をいただき，学業に専念することができました。私は，研究が一種のチャレンジだと思っております。日本に留学していますが，母国の中国にも貢献したいと思いますので，日本の年金制度から中国に示唆できる内容を示している本書を出版いたしました。これからも，日中両国の学術交流のため，力を尽くしたいと思っております。

本書のような拙い書も，刊行まで多数の方々から助力をいただいています。博士時代に終始ご指導ご鞭撻を頂きました新保先生に心より感謝いたします。有益な助言をして下さった慶應義塾大学の山田先生，斉藤先生，和田先生及び青山学院大学の土橋先生，復旦大学の郭先生，上海政法大学の曹俊金先生，中日友好協会の丹羽先生，橋本先生，T&K法律事務所の先生方，校正ゲラをお読みいただいた華東政法大学の陳先生，そして本書の刊行全般についてお世話になった上海交通大学の方々に御礼を申し上げたいです。また，大学院の後輩の曹夢飛氏からも貴重な指摘を受けました。ここに記して深く感謝申し上げたいです。

最後に，母校の慶應義塾大学と上海で出版の機会をいただいた上海交通大学出版社には，これまでのご恩に対し改めて御礼を申し上げたいと思います。

著者： 翟　申駿（タク　シンシュン）
所属： 慶應義塾大学大学院後期博士課程
慶應義塾大学 SFC 研究所　上席所員
上海弁護士会
連絡先： taku199027@gmail. com
盛夏のみぎり

目录 | Contents

第一章

日本年金制度概论

第一节　绪　论

日本的年金制度相当于我国的养老保险制度。世界各国都为完善其完整的社会保障制度而构建了年金保险体系。世界各国会综合考虑其人口构造、社会背景、经济、文化、政治、历史等因素而制定符合本国国情的年金制度。年金制度的制定本身就包含着许多复杂的因素,蕴含着每个国家的民族性格。分析研究日本的年金制度,并与我国及世界各国的年金保险制度进行比较并非是没有意义的。我国与日本虽然在经济发展状况、社会保障体系的建设、文化观念方面存在一定的差异,但是,作为社会保障制度之一的年金保险制度的基本属性及社会作用是相同的,中日两国年金制度可以互相参考与借鉴,这是具有现实意义的。

我国在社会主义市场经济体制确立之后,有条不紊地进行了各个领域的立法工作,通过《民法总则》的制定,标志着我国的立法取得了实质性的成果。通过阅读我国最近四年的法律年鉴,可以发现在超过 100 万件的合同纠纷案件中,详细记载了当事人的主张及抗辩、法院的认定等情况,无一例外地展示了法律规定、法理及相关证据而得出的最终判决结论。

在社会保障的立法方面,我国也正在不断完善养老保险等社会保障体系。日本在经济高度成长期制度的社会保障政策没有预见到其今后可能遇到的问题，而不得不在近期进行改革。我国应该吸取日本等发达国家在制定社会保障政策时的经验及教训，构建起符合我国国情的社会保障体系。通过本书对日本年金制度的介绍，可以了解中日两国年金制度的共通问题，分析其因果关系、构成、性质，并把握年金制度问题的本质。

年金制度会对每个国民年老后的生活产生巨大的影响，可以说是和每个人息息相关的制度。但是，如要理解年金制度，不应只关注年金受给付金额的计算，应该综合考虑年金财政的可持续性、年金资产的运用、不同人群之间的公平性等问题。现在，随着日本进入负利率时代，年金财政进入紧张状态，而且人口老龄化程度不断增长，日本的年金制度迎来了转换期。日本为了保障其国民老龄后也能维持相同的生活标准，推出了一系列的年金改革政策，并且，为了构建可持续的年金保险制度，日本人逐渐改变其固有的传统观念及习惯，顺应世界经济形势，对其年金制度做出了根本性的改革。比如，日本在公有年金之外，大幅推广企业年金，而银行在引来负利率时期之后，也相应推出了许多年金理财产品。不断改革的日本年金制度在制度的充分性、持续性及健全性方面都有很多地方值得学习，其具体制度将会在本书中加以详细说明。

日本作为一个典型的东方国家，其制定的政策与我国有诸多相似之处。而日本现阶段面临的最大问题就是，日本的平均寿命不断增长，老龄人口不断变多，而生育率却持续低下，渐渐造成日本的劳动人口与老龄人口失调，也就是年金的缴费人口与受给付人口的比例不断下降。年金财政逐渐失去平衡。我国可能会在

20年后或30年后也将面临与日本相同的人口问题，因此，我国应当未雨绸缪，提前对可能出现的年金相关的问题进行分析及讨论，以求设计出长期可持续，并具有我国特色的年金制度。

本书对日本年金制度做了全面的解析，从立法目的、法学理论、专业用语、具体规定到年金的资产运用等方面都进行全方位地分析说明，希望本书能对研究社会保障制度的学者及希望获取年金相关知识的读者有所帮助。

第二节　日本年金制度的发展历史

如翻开日本年金制度的历史，日本年金制度起源于1875年（明治8年）①的海军恩给制度，当时的初衷是为了保障军人退役之后的生活。在第二次世界大战前后，日本对其国民年金制度、厚生年金保险制度、企业年金制度等做了全面改革。

日本在1939年（昭和14年）②制定了以船员为对象的船员保险法，这标志着日本首次将一般民间劳动者纳入社会保险制度的对象。在两年后的1941年（昭和16年），日本正式制定了《劳动者年金保险法》。1941年（昭和16年）正是太平洋战争爆发的年代，日本整个社会动荡不安，在那个时间点制定劳动者年金保险法，主要是想稳定基础劳动者的情绪，缓解社会矛盾，使

① 明治元年为1868年。
② 昭和元年为1926年。

整个社会经济体系能够继续正常运行。虽然日本在战争年代出于特定目的而制定了首部年金法律，但是，从第二次世界大战到和平年代经济恢复期的这段时间，这部法律起了表率作用。日本在1944年（昭和19年）将该法律的适用范围扩大到了拥有5人以上员工的工厂的所有劳动者，并且，对从事事务性工作的人员也开始适用该法律，并改名为《厚生年金保险法》，形成了现今日本年金相关法律体系的雏形。

日本在第二次世界大战中，经济及社会发展遭遇了毁灭性的打击。通过战后10年的恢复，经济逐渐正常，在1954年（昭和29年）重建了年金保险体系。将原先的给付方式改为固定年金加上报酬比例，改变了整个年金计算体系。而且，随着日本人均寿命的增长，日本将老龄年金的给付开始从55岁变更为60岁。之后，直到1955年（昭和30年），日本的年金制度只覆盖了其劳动人口的1/4左右，而且，日本的农业人员以及个体户享受不到任何年金制度，他们一旦衰老，失去工作能力后，其正常生活无法从社会保障体系中得到保障。此时，日本也渐渐从战后的一片废墟中恢复过来，随着经济的复苏，日本民众的关注点也不仅仅限于经济成长，关于加强社会保障体系的诉求也日益增长。1959年（昭和34年），日本创设了以所有20岁以上公民为对象的国民年金制度，确立了所有公民都可享受年金福利的体制①。从此，日本通过举办东京奥运会、大阪世博会，并制定了符合经济发展程度的社会保障体系，取得了长达20年的经济两

---

① 日语原文为：国民皆年金体制（こくみんかいねんきんたいせい）。

位数增长的发展。同时，日本的国民年金及厚生年金的给付水准也大幅增长，从1965年（昭和40年）的每月1万日元涨至1973年（昭和48年）的5万日元。

日本在1973年（昭和48年）导入了物价浮动制度，年金的给付额随着物价浮动而变化。从20世纪70年代开始，随着日本经济的发展，物价的上涨，年金的给付金额也随之大幅增长。这段时间，日本对其年金制度进行了很多完善。如1986年（昭和61年）进行了导入基础年金的改革，其内容为：无论是否在工作，20岁以上的所有日本公民加入国民年金，只要缴纳满40年的保险费，从65岁开始可以领取每月5万日元（大约3 000元人民币）的基础年金（所有日本国民都相同），工薪阶层可以获得第2阶段的报酬比例年金。此外，企业年金作为第3阶段的年金制度。此后，该年金制度逐渐发展为今天日本的国民年金、厚生年金、企业年金这三个阶段的具有日本特色的年金制度。但是，经过了20世纪70年代和80年代的经济快速增长期之后，日本进入平成年代①，在这一时期随着泡沫经济的破灭，日本的社会渐渐贫富分化，工薪阶层的收入逐渐产生了差距，很多财政制度及社会制度都进入了重建的阶段。日本的老龄化水平也达到了世界最高，超过20%，如何保持年金财政的平衡成为这个时期日本最大的课题。日本为保持基础年金财政的平衡，对应人口的老龄化及平均寿命的不断增加，以及为了保持年金保险费及年金受给付金额的平衡，日本将基础年金中的国库负担由原先的1/3增加到1/2以确

① 1989年1月8日为平成元年，明仁天皇将于2019年退位。

保国民年金的可持续发展。

进入21世纪之后，日本将年金制度中第2阶段的厚生年金制度扩大到非正规劳动者。由于原先日本的工薪族之间适用的厚生年金制度不同，故日本将公务员和公司员工的厚生年金进行了一元化管理，统合了工薪族的厚生年金制度。而在2006年（平成18年），日本由于对年金记录管理不当而发生了大问题。根据之前关于日本年金制度的说明，日本的年金体系经历了许多变更，年金的名目及计算方法都在不断变化，但是，日本却没有很好地把年金制度统合管理在一起，国民年金里的各种信息分别属于多个数据库，以至于在制度变更时，归属不明的信息记录居然有5 000万条以上，这显示了日本在制度变更时对数据管理不当，也表明了日本对年金记录管理的重要性的认识不足。之后，日本的年金业务从社会保险厅转由日本年金机构统一管理。

日本于2009年（平成21年）至2012年（平成24年）一度准备对年金制度进行全面改革，但最终由于政权交替而未成功。日本自民党自2012年（平成24年）再次成为执政党之后，推动了一系列的社会保障制度的立法活动。于2013年（平成25年）制定了《社会保障改革项目法》[①]，2014年（平成26年），制定了《医疗护理综合确保推进法》[②]。之后，一直持

---

① 日语原文为：持続可能な社会保障制度の確立を図るための改革の推進に関する法律（じぞくかのうなしゃかいほしょうせいどのかくりつをはかるためのかいかくのすいしんにかんするほうりつ）。

② 日语原文为：医療介護総合確保推進法（いりょうかいごそうごうかくほすいしんほう）。

续着关于年金制度改革的讨论，主要围绕着扩大厚生年金制度的适用范围、年金保险费的免除规定、根据物价进行年金受给付金额的调整等方面，并于 2016 年(平成 28 年)成立了《年金制度改正法》[①]。

第二次世界大战之后，世界的经济形势及格局都在不断变化。纵观日本年金制度的发展史，日本将其针对各个不同群体的年金制度很好地统合在了一起，形成了现在国民年金、厚生年金、企业年金这三阶段的具有日本特色的年金制度，并对年金保险费的缴纳以及年金受给付金额做出了调整，虽然是因其人口老龄化及经济情况变化而不得不做出的变更，但是，日本在老龄化比率高达 20%以上的情况下还是维持住了其三阶段的年金制度，并形成了占 GDP 10%以上的年金资产规模，使国民年金覆盖了所有日本国民，这一点非常值得我国借鉴。

第三节 现行的日本年金制度

国民年金和厚生年金组成的两层构造的公有年金加上企业年金等私有年金构成了日本的三阶段年金制度。大致结构如表 1-1 所示。

---

① 日语原文为：年金制度の持続可能性の向上を図るための国民年金法等の改正法（ねんきんせいどのじぞくかのうせいのこうじょうをはかるためのこくみんねんきんほうとうのかいせいほう）。

表 1－1　日本年金体系

私有年金(企业年金、个人年金) (第 3 阶段)	主要类型: 给付额确定年金、缴付额确定年金
厚生年金 (第 2 阶段)	适用人群: 在厚生年金的适用事业所工作的未满 70 岁的员工①
国民年金(基础年金) (第 1 阶段)	被保险人分为: 国民年金的第 1 号被保险人(个体户等) 国民年金的第 2 号被保险人(公司职员及公务员等) 国民年金的第 3 号被保险人(家庭主妇等)

日本现行的年金制度如表 1－1 所示,分为作为社会保险的国民年金(第 1 阶段)和厚生年金(第 2 阶段),以及企业年金和个人年金组成的私有年金(第 3 阶段)。

根据上节日本年金制度的发展历史所述,构成日本年金体系的基本顺序为:在专门职业领域内设立及发展年金制度;建立了以所有日本国民为对象的国民年金制度,随后导入了基础年金,也就是所有日本国民都只要缴纳保险费满一定期限,就可以每月获得定额年金;将专门职业领域的年金统合为现在的厚生年金制度。完成公有年金的制度统合之后,近年日本正在致力于企业年金的制度改革及统合。

日本的年金制度源自明治时代,根据上节所述,当时的名称也不叫年金制度,叫恩给制度,顾名思义,制定制度的出发点是

① 《日本厚生年金保险法》第 9 条。

为了给予军人及官吏以恩惠，以保证国家军队及政府机关的人才储备。经过百余年的发展，日本的年金制度发展为具有完整制度体系的社会保障系统。日本第 3 阶段的年金制度是其特色；第 1 阶段的国民年金覆盖所有日本国民；第 2 阶段的厚生年金的作用是：补足年金的给付金额，以保证工薪族可以在其退休后也过上和其工作时相同水准的生活。第 3 阶段的私有年金是近年发展起来的制度，公司可以任意设立私有年金制度，作为其员工的福利而吸引高素质人才。

日本年金制度中的国民年金和厚生年金的实施机关为政府[①]。企业年金等私有年金为任意年金，由公司自行实施。如满足法律规定的所有年金给付条件，相关人将自动获得年金受给付权，这是年金的基本受给付权[②]，意味着相关人获得按照规定条件获得年金给付的权利。比如，应当按照规定给付规定的年金。此外，相关人可以基于基本受给付权或者既定内容请求给付年金给付金额，这被称为年金的分支受给付权[③]。日本年金相关的法律规定了年金的受给付权、给付规则、年金类别等，通过立法规定保障了年金保险制度的运行，明确了相关人的权利及义务。

日本的年金种类大致有三大类，即国民年金、厚生年金及企业年金。国民年金中的被保险人为符合条件的所有日本国民，缴纳保险费之后就可获得基础年金。此外，如果满足保险给付

① 参照《日本国民年金法》第 3 条以及《日本厚生年金保险法》第 2 条。
② 日语原文为：基本受給権（きほんじゅきゅうけん）。
③ 日语原文为：支分受給権（しぶんじゅきゅうけん）。

条件，还可以获得老龄基础年金①、附加年金②、残疾基础年金③、遗孀基础年金④、寡妇年金⑤、死亡补偿金⑥等保险给付。厚生年金的被保险人的范围会根据相关人的年龄与其工作单位及工作性质而确定。如满足厚生年金的给付条件，可以获得老龄厚生年金⑦、残疾厚生年金⑧、残疾补贴金⑨、遗孀厚生年金⑩等。企业年金由各个公司自行实施，但也受到《日本给付额确定企业年金法》⑪及《缴付额确定年金法》⑫等私有年金相关法律的规制。给付额确定年金和缴付额确定年金是现在日本最为常见的两种企业年金，由公司及个人自行储蓄累积并加以资金运营。

第四节　日本社会年金保险制度的法源

日本的年金等社会保障制度的法源主要有日本现行宪法、

① 日语原文为：老齢基礎年金（ろうれいきそねんきん）。
② 日语原文为：付加年金（ふかねんきん）。
③ 日语原文为：障害基礎年金（しょうがいきそねんきん）。
④ 日语原文为：遺族基礎年金（いぞくきそねんきん）。
⑤ 日语原文为：寡婦年金（かふねんきん）。
⑥ 日语原文为：死亡一時金（しぼういちじきん）。
⑦ 日语原文为：老齢厚生年金（ろうれいこうせいねんきん）。
⑧ 日语原文为：障害厚生年金（しょうがいこうせいねんきん）。
⑨ 日语原文为：障害手当金（しょうがいてあてきん）。
⑩ 日语原文为：遺族厚生年金（いぞくこうせいねんきん）。
⑪ 日语原文法令名为：確定給付企業年金法（かくていきゅうふきぎょうねんきんほう）。
⑫ 日语原文法令名为：確定拠出年金法（かくていきょしゅつねんきんほう）。

法律、条约等成文法，也有判例法、习惯法等不成文法。

关于日本成文法，以宪法、法律、命令、告示、条例、规则而组成。其中，最重要的条文为：《日本宪法》的第25条(生存权)、第26条(教育权)、第27条(关于勤劳的权利、劳动条件基准的法定)、第29条(保障财产权)等。《日本宪法》第98条中也规定了对已签订的条约和被确立的国际法规，日本会诚实遵守。因此，日本与其他国家的条约以及国际通用法规也是日本社会保障体系的重要法源之一。

在法律层面上，日本没有《社会保险法》这一统一法典，其与社会年金保险制度相关的主要法律大致如下：

1.《健康保险法》

2.《厚生年金保险法》

3.《雇用保险法》

4.《劳灾保险法》

5.《劳动保险费徵收法》

6.《国民健康保险法》

7.《国民年金法》

8.《护理保险法》

9.《国家公务员共济组合法》

10.《国家公务员退职补贴法》

11.《国家公务员灾害补偿法》

12.《地方公务员等共济组合法》

13.《地方公务员灾害补偿法》

14.《民法》

15.《刑法》

16.《劳动诸法》

17.《行政诸法》

日本虽然不是判例法国家，但是，日本的最高法院的判决对其下级法院有一定的指导意义，在法庭上也可以引用判例进行论证。年金作为一个比较新的领域，在日本的判例并不多，本书搜集了一些典型判例以供参考。在日本关于社会保险法的判例确实有互相矛盾的情形存在，各位法律人应当结合具体案例以及法理依据进行归纳总结，以求推动社会保险法领域的法学理论发展。可以结合我国的判例及法学理论，对日本年金制度等社会保险领域的案件进行体系化的探讨。

第五节 日本年金制度对于非日本国民的适用

日本的《国民年金法》及《厚生年金保险法》原则上对于非日本国民也适用，也就是说，外国人[①]也可以加入日本的国民年金或厚生年金保险制度。根据《日本的出入国管理及难民认定法》还有《国籍法》的规定，日本对本国国民、在日本的永久居住权人以及在日本的定居人都有明确的定义。以前日本在年金制度方

① 这里的“外国人”是指在日不具有日本国籍的人。

面有国籍要求，外国人加入日本年金制度会受到很多限制，从《宪法》解释的角度来说，在某些方面有一定的国籍限制，也不能完全说是违背《日本宪法》[①]。但是，过多的国籍限制会影响日本的国际化进程。

日本在昭和年代末期开始逐渐废除国籍限制的要求，日本的国家司法考试等重要考试制度就没有国籍要求。另外，在日本取得永久居住权虽然比其他发达国家难，但是，近年来，日本法务省对外国人取得日本的永久居住权采取了一种开放的态度，放宽了很多申请要求。这也显示着日本愿意吸纳外国人融入日本社会，在社会保障制度层面也通过修改相关法律而加强了对外国人的利益保护。

笔者认为，日本由于需要维持经济规模，现在愿意吸纳外国的年轻人而弥补其劳动力的不足。在对外国人的政策方面有很多对外国年轻劳动力的优待规定。如暂且不谈文化冲突、文化融合性、社会架构等因素，日本如要维持经济增长则必须接纳外国年轻劳动者。只要一个年轻的劳动者生活在日本，就会不断地对日本社会创造正面利益。因为，一个年轻人无论是通过工作创造价值，还是通过工作纳税或租房、购物、消费都会促进商品交易，增加一定的工作岗位。外国劳动者在日本工作，如无法加入日本的年金制度，势必会导致其不会长期在日本工作，这对于日本人才储备也是不利的。因此，近年来，日本在社会保障制度方面完善了外国劳动者加入年金

---

① 参照日本最高裁判所判决，平成元年（1989 年）3 月 2 日，《判例时报》第 1363 号，第 68 页。

制度的规定。

外国人只要符合《日本国民年金法》或《厚生年金保险法》的加入条件，就理所当然地可以加入国民年金或年金制度。如果是偷渡到日本或者是非法居留在日本的外国人的话，若其符合《国民年金法》或《厚生年金保险法》的加入条件，关于其是否能够享受国民年金或厚生年金保险待遇则有所争议。首先，关于在日本的居留资格，是否为非法居留由《出入国管理及难民认定法》所规制，这与《国民年金法》及《厚生年金保险法》属于不同的法律体系。然后，《日本国民年金法》及《厚生年金保险法》的目的为保障在日本居住的所有人的生活，自然包括所有外国人。笔者认为，从理论上来说，即使是非法居留的外国人也有权利加入国民年金或厚生年金制度，这与他们会被《出入国管理及难民认定法》以及《日本刑法》所惩罚是不同的两件事。但是，在实务角度上说，非法居留的外国人是无法加入日本的国民年金或厚生年金制度的。

首先，非法居留的外国人是随时可能被遣返，甚至被追究刑事责任的，如果允许其加入年金制度，在保险费的缴纳及年金的受给付方面根本没有办法保证可以正常操作。而且，年金制度是一种长期性的社会保障制度，对于随时可能离开日本的非法居留的外国人来说，很有可能在缴纳保险费之后，在其接受年金给付之前就离开日本了，这对他们来说，反而是一种非利益性负担。

无论在《日本宪法》还是在国际人权规则上都有关于人权保护的表述，日本对于非法居留的外国人不适用《国民年金法》或

《厚生年金保险法》是否合理，在理论界也有争议。根据判例[①]，之所以对没有居留资格[②]的外国人不适用日本的社会保障制度，是因为非法居留的外国人长期在日本居住的可能性极低，而社会保障制度又需要一个稳定的环境来维持，因此，对于非法居留的外国人不适合对其进行关于社会保障法方面的保护。笔者认为，这主要是从实际情况的角度来进行的考量，现实情况是非法居留的外国人不想加入日本的国民年金或厚生年金制度，而日本也不愿意对其进行关于年金制度方面的保护。但是，如果从人权角度进行考量的话，即使是非法居留的外国人也应该享有社会保障制度方面的权利，今后关于对其的社会保障，可以展开进一步的理论探讨。关于对待非法居留的外国人的相关判例主要从政府行政运营效率的角度上阐述了接受非法居留的外国人对于日本社会保障制度会产生的影响，其实，非法居留的外国人也有很多无奈，应该从人性化角度对非法居留的违法性及加入国民年金或厚生年金的权利性之间的冲突进行讨论。

第六节　关于日本年金制度的国际合作

随着全球经济一体化，现在包括中国在内的很多国家都相

---

① 参照日本最高裁判所判决，平成16年(2004年)1月15日，《民事判例集》第58卷1号，第226页。

② 在日语中被称为：在留資格（ざいりゅうしかく）。

互签订了关于社会保障制度的国际合作协议。其主要目的是为了方便在本国工作的外国人及在外国工作的本国人。现在去国外工作已经是非常常见的事情了，签订关于社会保障制度的协议之后，可以一定程度上解决跨国间的保险费缴纳、年金给付、社会保障法适用方面的解释等问题。

关于国际间的社会保障方面的协定，主要以年金保险、护理保险、医疗保险、劳动保险等为主。其中，年金保险占了最大的比例，具有最重要的地位，并在保险费的负担方式、年金保险的年数计算、受给付金额的计算、受给付权的保护、年金给付方式等方面签订了协议。

签订了国际间的社会保障协议之后，可以解决年金加入年份的合并计算的问题。绝大多数国家的年金制度中都有最低缴纳保险费的年份要求，因此，如果没有国际间年金保险费缴纳年份合并计算的协议，一个在多个国家工作过的人很可能达不到任何一个他工作过的国家的最低缴纳年金保险费的年份要求。签订年金保险的合作协议不仅可以解决很多人无法获得年金的问题，也极大地促进了人才的流动及国际间的商业交流。此类国家社会保障协定被称为年金通算协定①。

关于年金保险方面的国家社会保障协定一般包含以下内容。

第一，关于年金保险法的适用，相互承认对方国民拥有自己本国国民的待遇。

---

① 在英语中被称为“Totalization Agreement”。

第二，规定居住地国及本国的年金保险法的适用关系，以保证保险费的合理负担。

第三，各国的年金保险的加入期间合并计算。

第四，保证加入该国年金保险后，即使之后离开该国也可以获得相应的年金给付。

第五，互相认可对方国家的年金汇款。

对于日本国民来说，如果在日本以外的国家工作的话，不能以国民年金的第 1 号被保险人加入国民年金，但可以国民年金的第 2 号被保险人、第 3 号被保险人以及厚生年金的被保险人加入日本的年金制度①。

如果是居住在日本的外国人的话，除非法居留人员，原则上对所有外国人适用日本的《国民年金法》及《厚生年金保险法》。但是，如果该外国人的母国和日本有国际社会相关保障协定的话，可能会对该外国人只适用其母国的《年金保险法》，而不适用日本的《国民年金法》及《厚生年金保险法》②。

随着世界各国之间的社会保障协定的实施，有效解决了年金保险费负担、年金年份计算、医疗保险、护理保险、劳动保险等国家合作的问题。但是，现在有很多国家之间还没有签订类似协议，这些国家之间的社会保障合作方面依然有很多问题存在。笔者认为，现阶段各个国家都在进行本国的社会保障体系的制

① 参照《日本国民年金法》第 7 条、第 9 条。

② 参照《日本伴随社会保障协定》实施的关于《厚生年金保险法》等特例的法律，社会保障協定の実施に伴う厚生年金保険法等の特例等に関する法律（しゃかいほしょうきょうていのじっしにともなうこうせいねんきんほけんほうとうのとくれいとうにかんするほうりつ）第 7 条、第 24 条。

度设计，应该通过一些协议的签订使本国的社会保障制度透明化，让外国人可以清晰地了解该国的年金制度相关的社会保障体系，进而可以有选择地加入该国的各个年金制度。此外，各国之间的社会保障信息共享也是非常重要的，这可以给予经常跨国工作的人提供便利，使其不会因各国之间的信息不互通而造成利益损失，而且可以大幅度提高各国在社会保障制度方面的行政效率。

第七节　日本年金制度今后的课题

日本作为一个后来居上的发达国家，其年金制度的创立也较其他发达国家稍晚。但是，日本在第二次世界大战之后的经济成长速度及人口老龄化速度却超过了任何一个发达国家，这促使日本建立了符合其经济水平的年金制度，现在其年金体系已发展成为世界上成熟度最高的制度之一。今后日本的老龄化程度势必日益严重，日本社会也正在不断变化，如何对应人口及社会的变化趋势，成为日本年金制度的重要课题。日本通过对相关问题进行讨论的方式，征求社会各界的意见。

第一，是否应当提升退休年龄，让老年人工作到70岁之后再领取年金。

第二，是否应当根据年金制度的受给付开始计算年龄。

第三，是否应当对年金的受给付金额进行重新制定。

第四,是否应当对高收入人群征收年金课税。

根据上文所述,日本正在进行着一些卓有成效地改革。笔者认为,如有保持年金制度的长期持续性及稳定性,应当配合一些政策措施的实施。首先,可以增加日本现行的消费税。其次,可以制定针对高龄人群的雇佣政策。再次,日本现在的人口问题形成的原因就是出生率太低,因此,可以制定一些生育补贴政策以提高今后的出生率,缓解日本的老龄化比例。此外,日本国民现在普遍对年金制度的认识程度不足。让国民自觉遵守年金保险费缴纳义务,正确行使年金相关的权利非常重要,因此,今后应加强对国民的教育,告知国民年金相关的制度。

第二章

年金制度的整体构想及其内在法理

第一节　年金的语源及其含义

年金的英语为“pension”。“pension”一词含有金钱给付之意。“pension”一词的语源为“pay”（支付、给付），而“pay”又源自拉丁语中的“pendo”一词，“pendo”一词在早期社会中为使物与物平等公正地交换而使用公平秤所称出来重量的意思。在现在法律制度中，年金的意思为长期定期地给予特定对象金钱。在社会生活中，金钱给付往往指的是以货币形式的给付，因而同物资给付等其他形式的给付有所区别[①]。当然，社会发展至今日，比起直接交付纸质货币或者硬币，现在主要通过银行账户进行货币给付。

日语中年金的语源为英语的“annuity”，而“annuity”一词的语源为拉丁语的“annus”（一年），所以，日语中的年金一词本身有以年为单位进行金钱给付之意[②]。因此，在日语中年金制度可以总体解释为以一年期间为基准而定期进行金钱给付的制度。

在日本法律制度中，年金制度的支付方式不仅仅是以年为

---

① 松本浩太郎：《年金的话题》（第 18 版），日本经济新闻社 1981 年版。
② 《新明解国语辞典》（第 7 版），三省堂 2014 年版。

单位的给付，如有以月为单位的定期给付[①]以及一次性给付[②]等。年金的支付深受一个国家的工资支付习惯的影响，比如，有些国家习惯支付周薪，此国家也会以周为单位支付年金(养老保险金)。在日本的公有年金制度中，年金的受给付额度以年为单位显示，而具体的给付方式为在偶数月(2月、4月、6月、8月、10月、12月)给付，也就是说，每两个月进行一次给付。

但是，由于日本社会的工资支付习惯基本都为以月为单位进行支付，最近有很多关于日本的公有年金应当按照工资支付习惯改为每月支付的相关讨论[③]。笔者认为，年金的支付形式牵涉行政成本等各方面的因素，如果考虑改革现今的日本年金支付形式，还需要各个政府机关之间的统筹协调，也需要详细计算增加的人力成本[④]。因此，应当在计算出增加的成本，并对社会进行相关问卷调查之后确认隔月支付改为每月支付的合理性。

在《日本民法》中，将对定期给付进行请求的权利称为“定期金债权”[⑤]。“定期金债权”是定期给付债权发生的法源[⑥]，此权利相当于公有年金的基础权利。“定期金债权”是以年为单位或者以比年更短的时期为单位进行金钱给付或者其他给付的债

① 在英语中被称为“periodical cash benefits”。

② 在英语中被称为“lump-sum cash benefits”。

③ 森际康友：《正义为何》，《书斋之窗》2011年第605号。

④ 如隔月支付改为每月支付，如果只是单纯计算的话，人力资源的投入为之前的两倍，但需考虑实际情况，详细确认增加的成本额度。

⑤ 使用与日语“定期金债权”相同的汉字。

⑥ 《日本民法》第168条。

权[1]，此权利意为可在各个支付时期进行债权请求，相当于公有年金的分支权利。

年金通常为长时间进行的金钱给付。因为日本公有年金的支付事由一般为：老龄（人之年龄只可能增长）、残疾（特指不可恢复的残疾）、死亡（人死不可复生）等，这些都是永远存在的支付事由，所以，日本的公有年金也原则上为终身支付。但是，日本的公有年金制度中也有"有期年金"，如寡妇年金[2]等。上述的残疾年金中如随着医疗的发展受给付人的身体状况恢复到了未残疾时的身体状况，或者遗孀年金中受给付人再婚的话，相关人的相应的受给付权也会消灭。

在日本的社会保障法体系当中，除了年金这一形式之外也有很多定期进行金钱给付的形式[3]。比如，《儿童福祉法》中的儿童补贴，健康保险法中的伤病补贴金，雇用保险法中的基本补贴，生活保护法中的生活扶助等。这些金钱给付形式并不一定以年为单位进行给付，也并不一定为终身给付。因此，由于年金通常被称为长期给付[4]，前述金钱给付形式就被称为短期给付[5]。日本很多的私有年金是有期年金，这类给付形式虽不具有终身给付的性质，但是，在日本整个社会保险体系中这类给付也使用"年金"这一用语。

---

① 《日本民法》第169条。

② 寡妇年金的支付期限为65岁。

③ 后述相关法律皆为日本法。

④ 在英语中被称为"long-term benefits"。

⑤ 在英语中被称为"short-term benefits"。《日本国家公务员共济组合法》第50条、第72条。

关于前述这些各种年金形式在法学上可以参考《日本民法》第689条[①]的“终身定期金合同”这一典型合同进行相关的法律解释。

第二节　年金制度的分类

在日本年金制度中年金被分为很多种类。笔者认为这对于理解年金这一制度内在的含义是非常有意义的。比如说，最典型的是可以把年金分为公有年金和私有年金。虽然这样的分类有些武断，也可能有介于公有年金和私有年金中间的年金种类，但是，把年金进行这样的理论上的分类对于加深理解年金制度的本质是很有作用的。

当然，不仅仅是年金制度的分类，对其他法律制度或者其他自然事物进行分类也是对研究这类制度或者事物的一种重要的学术分析。将相同的部分先归纳出来，然后对不同的部分进行详细地分析，从而使这门学科具有体系性。

任何一种分类都不是绝对的，而会随着人们对其认识的加深或者随着社会的发展改变其分类。因此，将法律制度或者自然事物进行分析并非是纯粹的理论研究，而是结合人类社会的

① 《日本民法》第689条(终身定期金合同)：终身定期金合同为由当事人之间约定一方定期地向另一方或者第三人进行金钱给付或者其他给付，此约定在直至当事人一方或者另一方或者第三人死亡的期间内有效。

发展而重新认识某一学科，结合社会的发展而对这一学科的某一领域进行更加精细化地区分，将其再次分类这一行为可以直接对社会产生贡献。

第三节　公有年金和私有年金

根据上述分析，可以将年金制度进行最基本的分类，分为公有年金[①]和私有年金[②]。公有年金是社会保障制度的一环，向国民进行定期的金钱给付从而对国民的基本生活进行保障。而私有年金是企业对其员工的退休后的生活进行的保障。

将公有年金和私有年金进行分类是一件比较复杂的操作。为了使大家对公有年金和私有年金有一个大致的分类认识，本节先整理出一个公有年金和私有年金的大致分类表(见表2-1)，进而对公有年金和私有年金的分类进行更为详细的说明。

表2-1　日本公有年金和私有年金分类的基本标准

公有年金	国家责任	私有年金	私人责任
	强制性(必须加入)		任意性(可选择加入)
	公共性		个人性
	纳税方式		基金方式

① 在英语中被称为“public pension”。
② 在英语中被称为“private pension”。

续 表

公有年金	无给付均等原则	私有年金	有给付均等原则
	被购买力等因素影响		不被购买力等因素影响
	强制缴纳一定的保险费		不强制缴纳保险费
	有政府补助		无政府补助

表 2－1 只是年金分类的大致标准，在此标准之外有着许多的例外和特殊情形。比如，在有些国家，企业年金等私有年金也是强制加入的，并非任意加入。再比如，在有些国家，公有年金并非以纳税方式进行累积，而是以基金方式进行累积。其实这些基本分类是有内在因果关系和基本法理在里面的，公有年金之所以具有强制性，是因为若无强制性就没有办法以纳税方式累积公有年金，上表虽是最基本的标准，但是仔细分析可以体会到其中的内在联系。

日本的公有年金主要有基础年金和厚生年金，这两种年金采用社会保险方式，另外，也有其他采用社会扶助方式的公有年金。而私有年金主要分为个人年金和企业年金。个人年金中有以国民年金基金为基础的年金[①]，还有给付额确认个人年金、缴付额确定个人年金、储蓄型个人年金、保险型个人年金等。企业年金中有给付额确定企业年金、缴付额确定企业年金、公司自主年金等。

① 以《日本国民年金法》为根据。

第四节　老龄年金、残疾年金、遗孀年金

在上述分类之外，还可以按照年金的目的，把年金分为老龄年金[①]、残疾年金[②]和遗孀年金[③]。笔者认为年金归根结底是为了老龄后的生活，更何况在年轻时称为遗孀的人是极少的，所以，笔者认为按此学理分类，存在把残疾年金和遗孀年金（特别是对象为年轻时成为遗孀的人）理解为特殊目的的两种年金的解释余地。在现实操作中，残疾年金和遗孀年金对保护特定对象的基本生活起着非常重要的作用。

如果进一步挖掘年金支付的原理，之所以向老龄人、残疾人和遗孀支付年金，并不是因为他们额外缴付了年金，而是因为他们的收入减少[④]或者丧失劳动能力[⑤]。这种情况往往是长期的、不可恢复的，所以，需要向他们长期进行年金的给付。虽然劳动能力的减退往往伴随着收入的减少[⑥]，但在实务中也需要一定的理论论证[⑦]。其中，劳动能力包括体力劳动能力和脑力劳动

---

① 在英语中被称为“old-age pension”。
② 在英语中被称为“disability pension”。
③ 在英语中被称为“survivors' pension”。
④ 特指收入急剧减少。
⑤ 包括丧失部分劳动能力。
⑥ 清水玄：《社会保险论》，有光社 1940 年版。
⑦ 参照日本最高裁判所大法庭判决，昭和 57 年（1982 年）7 月 7 日，《民事判例集》第 36 卷 7 号，第 1235 页。

能力。

但是上述的因果关系也有不成立的时候，比如，也会有一些老龄人、残疾人、遗孀通过特定的工作获得很高的收入，因此，在这里就需要更细致地进行讨论。之前在讲述公有年金时，社会保险年金也有社会扶助方式的年金。如果是社会扶助方式的年金，其本身目的是保障弱势群体的基本生活，如果上述人群靠自己的收入已经可以保障基本生活水准的话，社会扶助方式的年金将不再给付，如果上述人群完全没有收入，社会扶助方式的年金将进行全额地给付，以保障上述人群每月拥有基本生活费，使其可以在社会中生活。如果上述人群靠自己的收入不足以保障基本生活水准，社会扶助方式的年金将补足差额部分。但是社会保险方式的年金就完全不同了，所谓社会保险方式，就是指相关人缴纳保险费用之后，在一定条件满足后(年龄条件或者其他条件)，获得受给付的权利。因此，就算上述人员拥有一定的收入，甚至是高收入，社会保险方式的年金也必须进行正常的给付，不得有任何的减损。

综上所述，虽然劳动能力的丧失或者部分丧失并不一定意味着无收入或者收入的减少，但是在绝大多数情况下，这个因果关系是成立的，劳动能力的丧失或者部分丧失往往会伴随着无收入或者收入的减少，因此，这是年金给付的一个重要的目的及事由。

向老年人支付的年金一般被称为老龄年金(old-age pension)，在某种情形下也可以被称为退职年金①。虽然在绝大多数情况

① 在英语中被称为“retirement pension”。

下，退职人员也应该是老龄人，但是，从字面上来看，老龄年金是为老龄人准备的年金，退职年金是为退职人员准备的年金，年金的目的并不相同，出发点也不同。由于老龄人可能会因为体力的减退而使劳动能力下降（包括体力劳动能力和脑力劳动能力），所以，为保障老龄人年老之后的生活而向其支付老龄年金。因此，老龄年金的支付条件为年龄达到 60 周岁或者 65 周岁。而退职人员在离开公司退职之后没有了固定收入来源，所以，为保障他们的生活，同时也是出于对他们长年劳动产生的回报，而向他们支付退职年金。老龄年金和退职年金是学理上的不同分类，在实际操作过程中，老龄年金和退职年金在很多情况下是重合的。

在日本的年金制度中，简单来说，公有年金中的老龄基础年金和私有年金中的个人年金往往具有老龄年金的性质，而公有年金中的厚生年金和私有年金中的企业年金往往具有退职年金的性质[①]。

在日本的公有年金中，老龄基础年金的支付条件为年龄达到 65 周岁以上，包括所有的在企业工作的劳动者和自营业者。但是，厚生年金的支付条件虽然也是年龄达到 65 周岁以上，但是，如果被给付人在 65 周岁之后仍然在工作的话，其工资和厚生年金的总金额如果超过一定的金额，其厚生年金会被部分削减，甚至全部削减。而私有年金可以由企业方和劳动者方协商年金的给付条件，实际操作中企业年金基本都是在劳动者退职之后进行给付[②]，因此，笔者在分析之后的企业年金时，会在退

① 为方便读者理解在此做最简单的分类，本书后文会详细分析。
② 返聘也应看作劳动者退职之后。

职年金的基础上展开分析。

残疾年金一般是为身体有残疾而不能工作或者工作时受到很大限制的人制定的。究竟哪一种残疾可以给付残疾年金，残疾到哪种程度可以给付残疾年金，需要结合医学知识及社会伦理、社会现状进行详细讨论。比如，很多心理疾病在医学上也被认为是残疾，但是，至少在一般的心理疾病患者是不符合残疾年金给付条件的。还有，说到残疾的程度，笔者认为整个手臂被锯断和一节手指被锯断是完全不同的，五指中间的小拇指被锯断和大拇指被锯断又是完全不同的。残疾年金的界限在哪里，残疾年金是否应该细分为几个等级或者层次，每个等级和层次的可获得的残疾年金金额为多少，这些问题笔者认为应该在之后的研究中由法学者、医学者、经济学者一起进行细致地讨论分析。残疾年金的本质是对某一种程度的残疾进行一定的金钱给付，而一定程度的残疾对其劳动能力（包括脑力劳动和体力劳动）的影响也应该被论证，从而得出由其受损劳动能力计算出的每月受损工资金额，再根据此金额进行残疾年金的给付。

日本对残疾年金分为一定的等级，有 1 级、2 级残疾基础年金和残疾厚生年金，根据级别的不同进行相应的金钱给付，并且在一定情况下，对某些收入并未收到任何影响的残疾人也进行相应的残疾年金给付①。由此可知，日本的残疾年金的给付依据并不仅仅是因为残疾而导致的收入减少，由于残疾而导致其在社会中生活的成本增加及不便利程度也是日本残疾年金给付

① 福岛豪、百濑优：《残疾年金的国际动向》，载《年金和经济》2010 年第 28 卷第 4 号。

的考虑因素之一。

当一个家庭的主要劳动力去世之后，其遗孀的生活势必会变得比之前艰难，故日本政府为保障其遗孀的基本生活水准而制定了遗孀年金的制度。由于私有年金中设定遗孀年金的情形很少见，而且私有年金可以自由设定年金合同中的内容，因此，接下来本书以公有年金为例，分析遗孀年金的本质及其内涵。

遗孀年金可以分为以下两种情况：第一，相关人去世时遗孀还很年轻的情形；第二，相关人去世时遗孀已经成为老龄人的情形。如果是第一种情形，由于遗孀还很年轻，若遗孀可以通过正常的劳动获取报酬，那从一般理论上来说就没有必要支付遗孀年金了。如果是第二种情况，遗孀已经成为老龄人，一般情况下会伴随着劳动能力的下降（包括脑力劳动和体力劳动），因此，需要向遗孀给付遗孀年金。在这种情况下的遗孀年金从本质上来说是遗孀继承了已去世人的老龄年金。因为已去世人的年龄势必要比遗孀更大，若遗孀以失去或部分失去劳动能力，其生活来源应当主要靠已去世人的老龄年金，当相关人去世后，遗孀将失去那部分老龄年金的收入来源（遗孀和已去世人为一个家庭），因此，为保障遗孀的基本生活水准，应给予其遗孀年金，这种情况其实也可以理解为遗孀继承了相关人的老龄年金，所以，笔者认为遗孀年金有一定继承已去世人老龄年金的性质。但是，遗孀年金的额度和已去世人的老龄年金的额度在很多情况下应为不同额度，因为当一个家庭的成员发生减员或者增员时，这个家庭的家庭总支出、抚养对象势必会发生变化，根据精细计算后得出的遗孀年金应会有别于之前相关人的老龄年金。

第五节　终身年金和有期年金

终身年金[①]是指受给付人直至其死亡都享有受给付权的年金。日本公有年金基本上只要满足给付条件，都是终身年金。而私有年金多数为有期年金。由于近年人类的平均寿命变长，很多人在寿命变长的同时也会承担长寿所带来的经济风险，所以，现代人越来越多地加入具有终身年金性质的私有年金。

有期年金[②]是指有期间限定的年金。比如以10年为期间，在这10年之中可以拥有受给付权，时间经过之后则受给付权消灭。日本典型的有期年金是国民年金法中的寡妇年金，其受给付期间为，相关人60岁以上[③]不满65岁[④]时（最长为此期间，如在此期间中丧偶，给付仍至不满65岁时）。

上述有期年金的给付条件之一是受给付人在世，如受给付人去世则停止给付。也有即使受给付人去世也给付的年金，此年金被称为确定年金[⑤]。确定年金其实是指在一定期间内（比如10年），必须进行给付的年金。当受给付人去世时，其继承人将会继承前述确定年金。

① 在英语中被称为“life pension”。
② 在英语中被称为“limited pension”。
③ 包括正好60岁这一时间点。
④ 不包括正好65岁这一时间点。
⑤ 在英语中被称为“definite pension”。

第六节　定额年金和所得比例年金

日本的公有年金体系可以分为定额年金[①]和所得比例年金[②]。定额年金自然顾名思义是给付金额确定的年金。日本国民年金的老龄基础年金是典型的定额年金，但是，如果支付相关保险费用的期间有所不足的话，其给付金额也会相应减少，因此，日本的老龄基础年金也并非所有受给付人都可以获得满额的年金给付。

之前提到的残疾基础年金和遗孀基础年金就有所不同了，在日本的年金制度中只要已经加入残疾基础年金和遗孀基础年金，就会获得满额的相关年金给付。之所以用满额而不用定额这一表述，是因为前述的残疾基础年金的金额有分等级（1 级和 2 级），而且会根据相关人被扶养人数的多少而不同，满足不同条件的残疾基础年金的金额是有所区别的。

所得比例年金是指，根据收入计算每个月的保险费用并根据缴纳的保险费用受给付的年金。日本的厚生年金就是典型的所得比例年金，一般根据员工每个月的基本工资加奖金的总和来计算保险费用，并据此来给付厚生年金。

如果缴纳了厚生年金的保险费用，自然可以同时被给付基

---

① 在英语中被称为“flat-rate pension”。
② 在英语中被称为“income-related pension”。

础年金和厚生年金。因此，日本的公有年金中同时有定额年金和所得比例年金，这被称为“2阶段构建年金制度”[①]。虽然包括日本在内的很多国家采用“2阶段构建年金制度”，但是也有一些国家采用“1阶段构建年金制度”的公有年金制度。所谓“1阶段构建年金制度”是指只有定额年金或者只有所得比例年金的制度。

日本之所以采用“2阶段构建年金制度”，其基本构想是定额年金保障最基本生活水准，而所得比例年金保障相关人与其工作时基本相同或者相近的生活水准。

定额年金按照收入比例缴付保险费，但是如果所有人都按期缴纳保险费的话，则获得的年金给付额是相同的。所得比例年金是最终的给付按照原先总收入比例的年金，每个人根据其工资的多少最终获得年金给付有所不同。其实，从本质上来说，定额年金是调节社会和谐稳定的一种手段，通过对高收入人群征收较高的保险费以保障所有人达到基本生活水准，是构建和谐社会的再分配手段。在现代社会中应该调节定额年金和所得比例年金的总体比例，以达到一种合理的再分配。

但是根据上述说明，日本的公有年金中的老龄基础年金并不保证满额支付，如果相关人在很长时间内未支付保险费，其在老龄时则无法得到基本的生活保障，甚至可能无法获取任何年金给付，但是他们也为日本社会奉献了一生，其年老后的基本生活是否应该得到保障[②]，关于这一论题，有很多日本学者对此进

① 在英语中被称为“double-decker system”。

② 参照《日本宪法》第11条、第13条。

行了讨论[①]。笔者更加倾向模仿北欧瑞典的年金制度，给予前述人员最低年金给付。

日本的私有年金的个人年金和企业年金基本上都是按照缴付的保险费进行给付，所以，并不在本节定额年金和所得比例年金的讨论范围之内。

第七节　给付额确定年金、缴付额确定年金、混合型年金

给付额确定年金[②](DB)是指首先确定年金的给付金额，然后根据此金额来决定每个月所需要缴纳的保险费用。雇用单位和劳动者事先约定给付的具体内容(包括金额、给付方式等)，之后，劳动者在老龄时根据事先约定的内容获得相关年金给付[③]。

缴付额确定年金[④](DC)而与上述给付额确定年金正好相反，先确定保险费金额，然后将此资金以基金方式进行运营管理，根据运营管理的结果获得最终的年金给付，所以，最终的年金给付额并不确定，缴纳相同保险费金额的人之间可能会有数倍，甚至几十倍给付额的差异。缴付额确定年金类似于一种投

① 嵩沙弥香:《年金制度和国家的作用》,东京大学出版会 2006 年版。
② 在英语在被称为"defined benefit pension"(DB)。
③ 参照《日本给付额确定企业年金法》第 1 条。
④ 在英语在被称为"defined contribution pension"(DC)。

资，需要有一种可以长期稳定地对相关基金进行运营管理的环境。因此，对于相对不确定性极高的上述残疾年金和遗孀年金而言，笔者认为并不太适宜导入缴付额确定年金制度。缴付额确定年金由相关人自主进行运营管理(可以委托他人或者资产经营管理公司，但同样责任自负)，劳动者在其老龄时根据前述资金运营管理的结果来获得年金给付[①]。

缴付额确定年金的运营管理方式有很多种，完全可以个人自主运营管理，也可以委托资产经营管理公司进行运作，或者多人一起委托资产经营管理公司。当多人一起委托资产经营管理公司的时候，虽然所有人的资金一起被运作，但是一般采用个人分别结算的方式。

随着社会经济的不断发展，自然会伴随着许多风险，比如寿命的延长[②]、物价的上涨、工资的减少都是风险的一种。一般而言，在给付额确定年金中风险由给付人(进行年金给付的人)承担，而在缴付额确定年金中风险由被给付人(接受年金给付的人)承担。但在现实操作中，为了互相减少风险，很多情况下会采取混合型年金这一方式[③]，混合型年金可以调节各方的需求，并且在风险出现时不使任何一方损失过大。

2004 年之前日本的年金制度当中公有年金基本为给付额确定年金，而私有年金中既有给付额确定年金，也有缴付额确定年金。由于投资等运营管理的风险较大，早年日本政府一般不

① 参照《日本缴付额确定年金法》第 1 条。

② 寿命的延长对于年金给付人来说是一种极大的风险，将年金给付至 80 岁和将年金给付至 95 岁是完全不同的，而此类风险又极难事先回避。

③ 田中周二、小野正昭、斧田浩二：《年金数理》，日本评论社 2011 年版。

会将公有年金进行投资等运营管理，最多是从税收方面对相关金额进行调整。随着日本少子化及老龄化程度日益严重，劳动人口越来越少，而老龄人越来越多，这意味着年金缴付人越来越少，而年金受给付人越来越多，年金财政自然会变得困难起来，因此，笔者认为日本也可以模仿北欧和西欧等国家在公有年金层层面积极导入缴付额确定年金制度，通过金融方面的良好运作来对应日本短时间内不可改变的人口变化趋势，以达到年金的财政平衡。

第八节　以家庭为单位的年金和以个人为单位的年金

年金虽然一般以个人为对象进行给付，但是由于一般一个家庭往往以其家庭总收入来维持生计，所以，年金也有保障整个家庭生活水准的性质，因此，可以把年金细分为以家庭为单位的年金和以个人为单位的年金①。从其本质来说，以家庭为单位的年金不仅保障受给付人的生活水准，而且也保障其家庭成员（包括配偶、父母、子女等）的生活水准，而以个人为单位的年金仅仅保障受给付人的生活水准。

一个家庭中的成年被抚养人（在日本一般是妻子）主要承担

① 社会保险研究所：《女性和年金》，2002 年。

了家务、子女的教育、老人的护理等,很多情况下没有办法进入社会工作,因此,其加入社会保险也会变得比较困难。

综上所述,一个家庭中的成年被抚养人(在日本一般是妻子)也为这个家庭这个社会做出了贡献,其老龄后的基本生活应当得到保障,因此,日本对家庭中的成年被抚养人采取了以下措施以保障其的权益:一是首先为家庭中的成年被抚养人设定年金基准,然后,将其需要的保险费加算到这个家庭中的年金缴付人的缴付额中;二是作为这个家庭中的成年被抚养人的自身年金进行单独的年金给付。至于此年金是以家庭为单位的年金,还是以个人为单位的年金,在日本学界有争论[①],此年金虽然最终是一个家庭中的成年被抚养人独自的年金,但先是由这个家庭中的年金缴付人缴付相关保险费金额,然后,这个家庭中的成年被抚养人才有权利获得此年金给付的权利。因此,此年金是以家庭为单位的年金,还是以个人为单位的年金还需更加深入地探讨。

近年,日本夫妻共同工作的家庭有所增加,因此,有很多人呼吁将公有年金变为以个人为单位给付的年金,但是,毕竟人的生活是为家庭为基础的,为了构建合理的社会保障体系,很多学者还是主张以家庭为单位构建年金体系[②③]。

而笔者认为,法学属于社会学的范畴,比起讨论僵硬的纯理论,法学更应当随着社会的发展而调整自己当时的理论构想及

① 岩村正彦:《社会保障制度中的家庭和个人》,东京大学出版会 2005 年版。
② 岛崎谦治:《日本的医疗制度和政策》,东京大学出版会 2011 年版。
③ 新田秀树:《家族法和社会保障法的交错》,信山社出版 2014 年版。

政策措施，以便在社会实践运用中达到更为和谐的效果，因此，关于上述观点，无论在我国还是在日本或是其他国家，都应该结合社会的实际情况加以分析。在日本这一“男主外，女主内”传统观念相对比较盛行的东方国家，从其社会构造、现行法理论、文化传统来看，笔者认为以家庭为单位构建年金体系比较适合现在的日本社会。

关于保险费的缴付，在日本无论是以家庭为单位缴付还是以个人为单位缴付，最终获得的年金给付金额都是相同的[①]。但是在欧洲很多国家，对于单身者的年金给付要比对于一个家庭的年金给付更高。其理论依据为，在人数相同的情况下，比如，将 3 个单身者和一个 3 口之家相对比，根据 Euwals 教授的数据统计，3 个单身者的生活成本明显要比一个 3 口之家的生活成本高，因此，在欧洲国家，关于对于单身者的年金给付金额和对于已组建家庭的人员的年金给付金额，一般有 20％至 30％的差距[②]。笔者认为，如果在缴付同样的金额的情况下，是否因为单身者的生活成本较高而可以对其进行较高的年金的给付，这一理论依据有必要结合本国的国情进行更为细致地讨论，而不是仅仅根据数据分析而得出武断的结论。

---

① 在日本旧国民年金法生效时期，以家庭为单位缴付还是以个人为单位缴付，最终获得的年金给付金额有所不同，以家庭为单位的缴付，最终获得的年金给付金额较低，后来随着旧国民年金法废止而给付金额统一。

② Euwals, R. et al. The Decline of Substitute Pathways into Retirement: Empirical Evidence from the Dutch Health Care Sector, International Social Security Review, Vol. 65, No. 3 (2012).

第三章

日本公有年金制度

第一节　公有年金对于一个国家的必要性

公有年金是一个国家社会保障制度的一部分，保障公民的基本生活水准是一个国家的责任，为保障公民年老疾病时的生活，公有年金起着极其重要的作用。

文中提到的公民，一般指的是具有本国国籍的国民，在某些国家（比如日本），其对非具有本国国籍的人实行平等原则①②，非具有本国国籍的人也可以加入公有年金，但是一般会排除旅客等短期停留的人。而这里的国家也是一个广义的概念，公有年金也可以由地方政府制定具体实施细则进行运作。

社会保障制度是一个很宽泛的概念，其目的自然是保障公民可以健康快乐地在这个社会中生活，但以公有年金保障公民的基本生活水准，应按照精确计算出的一个月生活成本来向公民进行金钱给付。

现代国家一般都会导入公有年金制度，笔者认为主要有两大原因：一是现代社会无论我国还是他国的家庭构成规模都在变小，每个公民更为独立自由地生活在这个社会的同时，由于家

---

① 日文原文为：内外人平等待遇原则（ないがいじんびょうどうたいぐうげんそく）。

② 参考《ILO102 号条约》，第 68 条。

庭规模在变小，故会欠缺一些家庭内部的救济机会。二是现代国家的公民在遇到年老疾病时可寻求的私力救济的途径仍不够完善，比如，私有保险行业在法律制度上并不完备，而且并不能对个人进行完全地救济。因此，公有年金对一个国家是十分必要的，可以说，直接影响着这个国家国民的幸福指数。

现在包括我国在内的绝大多数国家都采用市场经济制度，人们可以凭借自己勤劳的工作，在市场中以自己的劳动获取报酬。但是比起普通人，残疾人、老龄人的就业会相当困难，他们很难单靠自己的劳动维持生计。在主要劳动力去世后，其遗孀的生计将难以保证。如果是在以前大家庭的时代，以一个大家族的形式结合起来，当一个人的生计遭遇困难时，其家庭成员可以对其施以援手。但是随着近代社会的发展，家庭规模逐渐在变小，以前的几十人，甚至上百人的大家庭已经不复存在。因此，当一个人的生计遭遇突发情况时，获取家庭内部成员救济的机会较以前相对减少。伴随着医疗的发展，现代人的寿命越来越长，很多人会遇到自己的家庭成员都先于自己去世这一情况。综上所述，保证现代人的基本生活水准，国家应当尽其职责，完善公有年金制度，这对于一个国家的稳定是极其必要的。

笔者并不否认相关私力救济的作用，私有年金、私有保险等手段是公有年金制度的重要补充，其为完善整个国家的社会保障体系起着不可或缺的作用，但公民可寻求的私力救济途径依然有其不完善的地方。

一般国家的公有年金中会有免除或者部分免除低收入人

群、无收入人群的保险费的制度，但是私有年金、私有保险却无此制度，对于低收入人群、无收入人群来说，加入私有年金、私有保险是十分困难的。

笔者通过对社会保障制度的研究发现，很多人其实并不具备社会保障及年金保险的相关知识，很少会考虑未来不可测的风险，因此，很多人并不会加入私有年金、私有保险，或者其投保金额并不足以支撑其年老后的生活。而公有年金就完全不同了，公有年金的加入是强制的，可以保证有稳定的保险费来源，并可以保障公民年老后的基本生活水准。而且公有年金对高收入人群征收相对较高的保险费，对低收入人群征收相对较低的保险费，具有一定的调控作用，可以保障社会贫富差距不至于太大，可以在一定程度上保障低收入人群的利益。私有年金中很少在设立之前提到残疾年金、遗孀年金，而公有年金中有对残疾人和遗孀的特别保护。最后，私有年金、私有保险基本都是有期年金，并不能完全解决长寿这一完全不可预知的风险，而公有年金的终身给付制度可以使公民相对安心地生活在这个社会中。

私有年金、私有保险自然有经营上的风险，很可能遭遇没有给付资金的情况，这时候，所有年金的加入者的生活都会受到影响。而公有年金是这个社会最根本的保障制度，每个国家的政府都会全力保证公有年金的稳定运作，从资金、法律制度、监管、学术研究等各方面对公有年金进行保证。而这些优势都是私有年金和私有保险所不具备的。

私有年金、私有保险是以基金方式运营的。例如遇到通货膨胀等情况，纯基金方式的运营是极其脆弱的，而公有年金主要以纳税方式运作，可以通过物价改定[①]等方法来对应通货膨胀。

私有年金、私有保险并非是强制的，因此，为了在行业内具有竞争力，必然需要投入巨大的广告等宣传费用。所有人缴纳的保险费中很大一部分并非被用以正常的年金运营管理，而是用在了保险费上。公有年金首先并不存在恶性竞争问题，而且有规模经济[②]的优势，比起私有年金、私有保险可以节约成本。

第二节　公有年金的本质

关于公有年金的本质，日本学术界有很多学术主张，笔者在下文中先罗列主要的几种学术主张，然后再阐述自己的观点。

第一，公有年金制度的本质是保险金的学术主张[③]。其主张公有年金制度本质是，给付已缴付的保险费所产生的保险金。当然公有年金确实是有保险的性质，但是既然公有年金有保障公民健康幸福的生活的意义，其就不仅仅是保险的意义了，而且上述残疾年金、遗孀年金等也不是已支付保险费的对价，所以，公有年金本质是保险金的学术主张很难将公有年金的各方面特质归纳进去。

① 根据物价的变动程度而改变年金的给付额。

② 在英语中被称为“economies of scale”。

③ 近藤文二：《社会保险》，东洋书馆 1948 年版。

第二,公有年金制度的本质是强制储蓄的学术主张[①]。其主张首先强制所有人往公有年金账户中进行储蓄,在年老时再将其储蓄的资金加上利息返还还给本人。但是这种学说是不全面的,因为如果是储蓄的话,按理来说应该按照每个人的储蓄金额加上利息公平地返还给每个人,但是,社会保险方式的年金并非单纯的储蓄,有些人如没有遭遇意外,可能并不能被返还本金,如遭遇意外,可能会得到比其本金高得多的金额,因此,此学术主张有一定的局限性。

第三,公有年金制度的本质是工资延后支付的学术主张[②]。此学说主张公有年金具有工资延后支付的性质,但是公有年金并不一定和工资挂钩。之前提到的残疾年金和遗孀年金就和工资无关系。而很多人在接受老龄基础年金给付的同时,也在领取工资,所以,公有年金并不一定和工资密切相连。

第四,公有年金制度的本质是对相关人劳动付出的论功行赏的学术主张[③]。公有年金确实有奖励公民一生劳动奉献的性质,与上述工资延后支付的学术主张一样,此学说也有相同的问题点。公有年金中的某些种类的年金并非是相关人一生劳动奉献的对价,所以,此学说并不完善。而且日本的判例[④]也否认了公有年金的论功行赏的性质。如果是企业年金的话,可以狭义地做此解释。

① 松本浩太郎:《年金之话题》(第 18 版),日本经济新闻社 1981 年版。

② 鸟山郁男:《恩给法概说》,行政 1987 年版。

③ 菅野和夫:《劳动法》(第 8 版),弘文堂 2008 年版。

④ 参照日本东京地方裁判所判决,平成 10 年(1998 年)7 月 31 日,《判例时报》第 1657 号,第 43 页。

第五,公有年金制度的本质是对相关人休息权保障的学术主张[①]。此学说主张通过进行公有年金的给付而使劳动者得到休息的权利。但是,上述残疾年金和遗孀年金本身就和一个人的劳动及薪资没有关系,所以,对残疾年金和遗孀年金的获得者来说,也就不存在休息权的问题了。因此,此学说很难全面反映公有年金的性质,更何况,东亚国家公民的劳动欲望极高,现实中也不存在为保障自己的休息权而频繁罢工的情况,所以,强行把休息权和公有年金联系在一起,不由使人觉得有点牵强。而且休息权的对象是劳动者[②],家庭主妇等非就业人员虽不包括在劳动者范围之内,但是他们也有权利享受公有年金,所以,此学术主张很难在考虑全部人员的情况下进行论证。

第六,公有年金的本质是对相关人的损失补偿的学术主张[③]。此学说长年在日本学界占据通说的地位。由于以前公有年金的对象仅仅是公务员,因此,可以解释为,公务员为执行国家的公务为人民奉献时,其必然会损失一部分取得经济利益的能力,国家应在其年老后对其进行一定的补偿[④]。此学说也在一段时间上得到了判例的支持[⑤][⑥][⑦]。但是,现在毕竟已经时过

① 林迪广、河野正辉:《老龄年金保障的构造和法学上的问题点》,载《季刊劳动法》1972年第86号。

② 参考我国宪法和日本宪法。

③ 松本浩太郎:《社会保险和社会保障》,劳动文化社1949年版。

④ 鸟山郁男:《恩给法概说》,行政1987年版。

⑤ 参照日本最高裁判所裁判,昭和50年(1975年)10月21日,《判例时报》第799号,第39页。

⑥ 参照日本最高裁判所裁判,平成5年(1993年)9月2日,《判例时报》第1476号,第120页。

⑦ 参照日本最高裁判所裁判,平成11年(1999年)10月22日,《民事判例集》第53卷第7号,第1211页。

境迁，已经从国家为公务员负担保险费变成了每个公民自己负担保险费，此学说在现在社会中已然站不稳脚跟，更何况家庭主妇等非就业人员也可以加入公有年金，也就不存在补偿其损失的经济利益的问题了。其实，笔者认为可以把前述各种利益都看作为一种抽象损失利益。比如，残疾人因其身体上的不便所以不能工作，不能很好地融入社会，其有抽象损失利益。而家庭主妇为了家庭的稳定，为了培养我们的下一代，而不能进入社会工作，也损失了很多时间，其也有抽象损失利益。笔者认为此学说可以沿着此方向进行修正，以便与现代多元化社会结合。

第七，公有年金的本质是对公民进行生活保障的学术主张①。此学说主张公有年金是为了保障老龄人、残疾人、遗孀的生活而进行给付。其主张公有年金的目的是为了使每个公民更加安心地生活在这个社会中，并且得到了学界的一定支持。日本最高裁判所的判决文②③中，也确实有“年金是为了对相关人进行保障，维持其适当的生活”之类的表述。

综上所述，确实最后一个学术主张更能客观全面地解释公有年金制度的本质，以使其渐渐在日本学界成为通说。但是，笔者认为，由于此学说立脚点比较笼统和宽泛，所以，显得比较难

---

① 仓田聪：《非正规就业的增加和社会保障法的课题》，载《季刊社会保障研究》2004 年第 40 卷第 2 号。

② 参照日本最高裁判所判决，昭和 58 年（1983 年）4 月 14 日，《民事判例集》第 37 卷第 3 号，第 270 页。

③ 参照日本最高裁判所大法庭判决，平成 5 年（1993 年）3 月 24 日，《民事判例集》第 47 卷第 4 号，第 3039 页。

以找出其漏洞，其余六种学说主张也并非完全是不正确的，这些学说也反映出了公有年金制度的特质，只因其立脚点比较具体，所以，显得有点不全面。因此，为了深刻诠释公有年金的本质，应当以最后一个生活保障说为基调，辅以其他学说进行更深入地研究。

公有年金的目的是对公民进行生活保障。给付公有年金是保障公民生活的一种手段，除此之外，医疗保险、社会福祉等也可以保障公民的生活，这些方法都是为了增强公民的幸福感。因此，所有社会保障措施的目的都可以归根结底解释为：为了公民健康的生活，增强公民的幸福感①。

公有年金的总目的是保障生活，其也有一些其他的作用和机能。

首先，是贫困救济作用。公有年金可以有效预防老龄人、残疾人、遗孀陷入贫困状态，如其陷入贫困状态，可以通过金钱给付对其进行救济。通过公有年金及其他年金的给付，保障公民脱离贫困，可以进行健康文明的生活②。根据相关物价统计，现在日本单凭公有年金并不能保障基本生活水准，今后可以考虑提高公有年金的给付以使公民凭公有年金就可以保证最基本的生活水平。

其次，是所得再分配③的作用。公有年金向所有公民征收保险费，然后以此财源向老龄人等给付年金。此作用类似于所

---

① 参照《日本国民年金法》第1条。
② 参照《日本宪法》第25条。
③ 在英语中被称为“redistribution of income”。

得再分配。所得再分配有很多类型，比如，从没有遭遇残疾不幸的人向遭遇残疾不幸的人进行再分配，从工资较高的人向工资较低的人进行再分配，等等。

再次，是稳定经济发展的作用。公有年金可以对经济成长产生正作用。由于有公有年金的给付，可以使消费支出稳定在一个水平上。公有年金的给付对象是老龄人，而老龄人往往比年轻人更有消费欲望，向老龄人支付年金，可以增长这个社会的消费支出，促进经济的发展。当然公有年金也可能对这个社会有副作用。比如，很多用人单位为了削减保险费的支出而减少雇用的人员。公有年金确实可以保障一个公民的生活，由于年老后有了稳定的经济来源，也会颠覆我们国人“养儿防老”的传统观念，使得一个社会出生率降低，劳动人口降低，而使社会的经济活力减退。由于有年金给付，年老后不完全需要以自己的储蓄来生活，也可能让劳动者有了提前退休的怠惰情绪。笔者认为，公有年金对于经济成长的作用还是非常明显的，对于前述各种副作用也需要通过研究加以论证，然后对公有年金制度做出一个更为合理地调整。

最后，是维护社会和谐稳定的作用。公有年金保障公民的生活而使公民拥有一定的安心情绪，使得这个社会更为和谐。现在在世界各国老龄人的比例增多，使老龄人能够健康充实地生活，不使年轻人对自己年老后的生活产生不安情绪，这是公有年金的一个重要作用。公民安居乐业后，犯罪率和心理疾病自然会减少，也不容易出现偏激情绪，会对本国政府更加支持和信任。

第三节 公有年金对公民生活的保障方式

公有年金的给付分为社会保险方式[①]和社会扶助方式[②③]。以社会保险方式为给付方式的年金被称为社会保险年金，以社会扶助方式为给付方式的年金被称为社会扶助年金。社会保险年金有国民年金和厚生年金等，社会扶助年金有残疾基础年金和老龄福祉年金等。关于以社会保险方式为给付方式的年金，顾名思义是以保险体系为基础的年金制度，需要缴纳保险费，根据缴纳的保险费进行金钱给付。而以社会扶助方式为给付方式的年金，则主要是国家对公民的一种福利和帮助，不需要缴纳保险费。

关于上述两种保障方式的财政来源，首先社会扶助方式主要通过税收及公费负担来维持年金的给付[④]。社会保险方式的年金在征收保险费之外，也有税收及公费的补助。现在日本的基础年金的财源的 1/2 为国库负担。社会保险方式的年金和社会扶助方式的年金主要区别如表 3-1 所示。

---

① 在英语中被称为“social insurance”。

② 在英语中被称为“social assistance”。

③ 松本浩太郎：《社会保险和社会保障》，劳动文化社 1949 年版。

④ 宫岛洋：《社会保障和税制》，载《社会保障财源的制度分析》，东京大学出版会 2009 年版。

表 3－1　社会保险方式的年金和社会扶助方式的年金的主要区别点

	社会保险方式	社会扶助方式
财　源	以保险费为主(外加一定的税收)	以税收为主(外加一定的保险费)
对价性	以保险费的缴付为根据	不以税金和保险费的缴付为根据
等价性	年老后获得的年金金钱利益与其缴纳的保险费具有等价性	获得的年金金钱利益与缴纳的税金和保险费无关,而与其是否符合相关要件有关
保险性	以保险制度为基础	与保险制度无关,是国家对公民的福利和帮助
原　理	保险＋扶助	扶助

关于社会保险方式的年金和社会扶助方式的年金的对价性和等价性,图表中虽使用税收这一用语,这是一个广义的概念,不仅包含直接的税收,也包含印花税、国债等官方各种收入,为与保险费这一概念做对比而使用了税收这一宽泛的用语。

关于社会保险方式的年金,由于是为以后不确定的风险而事先缴纳保险费,所以,含有自我救助的意义,并且在缴纳保险费的人群之中,由没有遭遇风险的人向遭遇风险的人进行帮助,其也有相互扶助的意义在里面。此自助与互助的精神一直存在于日本的法律条文①及判例②中。由于有法律明文规定,所以,

① 参照《日本国家公务员等共济组合法》第 1 条。

② 参照日本最高裁判所判决,昭和 58 年(1983 年)4 月 14 日,《民事判例集》第 37 卷第 3 号,第 270 页。

此自助及互助的精神具有一定的强制性。

与社会保险方式的年金相对，社会扶助方式的年金并不以缴纳保险费为前提，是国家为了保障公民的生活而进行的金钱给付。

现在日本的社会保障体系中以社会保险方式为主，其原因为，如果全方面采用社会扶助方式的话，则对公民救助的责任会全部转移到国家层面上，会助长公民的依赖心理，如果主要采用社会保险方式的话，每个人都会履行自己的一定的义务，并由大家一起齐心协力解决遇到的风险，是现阶段对这个社会最为适当的社会保障方法。

根据上表所示，日本社会保障体系中的社会保险方式主要基于保险原理和扶助原理，而社会扶助方式主要基于扶助原理。保险原理是基于私有保险体系发展起来的，其最核心的精神就是给付反给付均等原则，简单来说就是等价交换，但是，既然是私有商业保险，各种风险自然是不可避免的，所以，也可以是带有风险的等价交换。其实保险本身目的就是对应未来不可预知的风险，所以，笔者认为其中原理可以理解为风险分散（包括对集体的风险分散和对个人的风险分散）。

而扶助原理则没有上述等价交换的法律关系，其不以支付保险费为前提，是单方面的福利和帮助，因此，可以将其简单理解为纯粹的所得再分配。关于保险原理和扶助原理的基本法理如下表 3－2 所示。

表 3-2　保险原理和扶助原理的基本法理

	保险原理	扶助原理
关于给付反给付均等原则	适用(具有等价性、对价性)	不适用(不具有等价性)
关于所得转移	在保险体系内所得转移	通过国家社会保障体系进行所得转移
关于公平公正	形式公平	实质公平
关于给付	根据缴纳的保险费进行给付	根据实质需求进行给付
关于负担	根据获得的利益而负担	根据负担能力而负担

给付反给付均等原则，简而言之就是付出和回报要等价，也就是说，支出的保险费和收到的保险给付应当相等。但是，社会扶助方式则不同，公民贡献的税收和获得的保险给付不必相等。这也是税和保险费的不同之处所在。

根据保险原理，根据支出的保险费的比例获得保险金[①]，保险费支出的越多，获得的保险金自然也就越多。而扶助原理是根据公民的负担能力而负担保险费，给付则是根据公民是否符合给付条件而进行给付[②]。

根据上述论证，保险原理和扶助原理似乎是两种不同的原理，在实际应用过程中应如何调和社会保险方式和社会扶助方式的两种社会保障方式则成了保障公民实际权益的重要议题。

① 根据贡献度进行给付。
② 根据必要性进行给付。

首先,根据日本的相关判例[①],肯定了社会扶助方式对一个社会的基础性和重要性。笔者也认为社会扶助方式比起社会保险方式更具有公共性、公益性,如果从国家整体、社会整体的角度出发的话,确实应当以社会扶助方式为基础。特别是日本的基础年金,事关一个公民的基本生活的维持,如果根据前述保险原理来设计基础年金的话,需要有等价性,其给付制度(必须满足一定金额以上的给付)根本不可能成立。

综上所述,笔者认为保险原理显示的是形式上的公平,而扶助原理显示的是实质上的公平,法律制度应当适应社会的实际需求,因而社会扶助方式是一个国家社会保障制度的基础和根本。随着社会的发展,生活水平、收入水平、经济水平也会随之提高,当国家有更大的财政力量时,自然应当进一步完善社会保障体系,可能最直接的做法便是扩大社会扶助方式的应用,以达到可以按照公民的实际需求进行年金给付。

第四节　社会保险方式和社会扶助方式的比较

关于社会保险方式和社会扶助方式的比较,似乎在上文

① 参照日本名古屋地方裁判所裁判,平成17年(2005年)1月27日,《判例时刻》第1199号,第200页。

已经得出了应以社会扶助方式为主，以社会保险方式为辅的结论。笔者之所以在此节对社会保险方式和社会扶助方式进行细致地比较研究，是因为如果以社会扶助方式为主进行社会保障制度设计的话，年金未来的具体给付形态不能仅仅凭想象来判断，需要以理论分析结合实践来推导出合理的社会保障制度。例如，若在现阶段全面推进社会扶助方式的话，如何保证其财政来源，如何确保其金钱给付能力，这些都是需要直面的问题。笔者认为社会保险方式和社会扶助方式并不是完全对立的关系，也并无优劣之分，之所以对其进行选择，进行比例调整，主要是因为要迎合社会实际需求。社会保险方式和社会扶助方式自然有其各自的优点及缺点，笔者会在后文中详细分析。最后笔者想强调的是，并非哪种社会保障方式优点多、缺点少就应当被采用，有某些特定情况下只能采用社会扶助方式或是社会保险方式，另外，制度的是否适合也不能单单以经济数据来看，符合一定的天理、人情、社会正义是十分必要的。

由于社会保险方式的给付依据为已缴纳规定金额的保险费，因此，以此方式进行的年金给付的权利既明确，又有力，不需要社会扶助方式所必需的年收入调查、家庭资产总额调查等，可以节省很多人工成本，这是社会保险方式的优点，也是社会扶助方式的不足之处。需要说明的是，这里并非是说以社会扶助方式进行给付的年金没有权利性，以社会扶助方式进行给付的年金自然是有法律上的依据。但是，往往很多公民并不通晓社会保障法的知识，他们对以社会扶助方式进行给付年金的权利意识不强，比如，在日本有社会保险劳务士[①]专门对残疾人士进行年金给付的指导，很多公民为获得以社会扶助方式进行给付的年金，往往需付出比社会保险方式进行给付的年金更多的成本。因此，此处的权利性是指以社会扶助方式进行给付的年金获得成本较高，公民对其的权利意识也较为薄弱。

另外，由于以社会保险方式给付年金的财政保证是所缴纳的保险费，因此，其可以根据具体个人缴纳的保险费灵活设定给付金额，支付较高的年金，但是，以社会扶助方式给付的年金需满足所有国民的需求，不能如此设定。公民在缴纳保险费时，若有日后明确的年金给付作保证，公民缴纳以社会保险方式给付年金的保险费会非常积极。社会扶助方式通过税收方式来保证财政收入，其财政收入的稳定性也有一定的保证。具体来说，哪方的财政收入更稳定，需要看当时社会的经济状况，社会扶助方式的年金更容易受国家经济状况影响，其财政收入波动更大，在经济状况好的时候，财源会很稳定，在发生经济危机时则会产生一定的财源危机。现阶段在公有年金领域采用社会保险方式的国家居多，主要有：大洋洲的新西兰和澳大利亚；北美洲的加拿大；欧洲的丹麦等国。这些都是人口总量少、人口密度小的国家，其采用社会扶助方式可以达到财政平衡的状态。社会扶助方式是否适应中国和日本等人口众多的国家，还需要进行

① 日语为：社会保険労務士（しゃかいほけんろうむし）。简称“社劳士”。

更加全面、深入的研究。笔者认为前述国家都是国民幸福指数极高的国家，中国和日本等多人口的国家不能立刻全面采用社会扶助的方式，应该不断研究、调查导入社会扶助方式的可行性。

社会保险方式一般根据支付的保险费来给付年金，不能完全符合每个人的实际需求。由于社会保险方式完全按照缴纳的保险费来给付年金，因此，必然会将一些无收入人群或者低收入人群排除在外[①]。这不得不说是社会保险方式的不足之处。

现在日本的基础年金的财源的一半由国库负担，有学者提议将基础年金变为由国库全额负担的社会扶助方式。笔者也认为至少将基础年金变为社会扶助方式是一个国家社会保障体系的应有之义。毕竟所有国民生活在这个国度，他们每天在点点滴滴的事情上都在为这个国家做贡献，比如，购买一本书也可以使作者、出版商、书店及员工、设计公司、相关不动产租赁公司、相关会计师事务所、物流公司等获得正面的利益，他们其实在看不见的地方为这个国家默默做着贡献，在他们需要保障基本生活的时候，国家应该尽一份责任，这样更符合天理、人情和社会正义。当然，现阶段全面导入社会扶助方式的最大的障碍便是保障财政收入的问题，今后，还需要法学学者、经济学学者和其他领域的学者共同研究。

① 菊池馨实：《社会保障的法理论》，有斐阁 2000 年版。

第五节 社会保险方式及社会扶助方式的权利性

根据上文论述，社会保险方式的给付由于是已支付保险费的对价，所以，其年金给付的权利性要比社会扶助方式的权利性较高。社会扶助方式给付的年金自然有法律上的效力，所以，此处的权利性是一个抽象的、综合的概念。包括权利的明确性、维护自己权利的成本、权利的可诉性、对权利的意识形态，这些因素将会影响年金法政策的制定与实施。

如果仔细研读日本的国民年金法、关于年金生活者支援给付金支付的法律[①]就会发现，以社会扶助方式进行的年金给付会有许多限制，比如，对于残疾基础年金的受给付有收入限制，若被判实刑则会被取消给付，对年金的双重获得有限制等[②]。笔者认为这些限制其实归根结底都是立法人员和全体民众在关于年金方面的权利意识不足所造成的。残疾基础年金的受给付是法律所赋予的权利，如要加上限制也应该有明确的法律依据，在年金的受给付权确定时，其实已经形成了私法上的债权、债务，笔者认为私法上的债权、债务一般不能受公法上的刑事判决

---

① 日语原文为：年金生活者支援給付金の支給に関する法律（ねんきんせいかつしゃしえんきゅうふきんのしきゅうにかんするほうりつ）。

② 参照《日本国民年金法》第 36 条；关于《年金生活者支援给付金的支给的法律》第 2 条。

的影响，对于年金的双重获得的限制也必须有法律上的明确依据。包括很多学者在内都会把社会扶助方式的年金给付看作国家给予的恩典，其实不然，本书上文已论述过，每个人都在为这个社会做贡献，获得社会扶助方式的年金给付是每个公民的正当权利。因此，今后提高每个学者和所有公民对年金方面的权利意识是至关重要的。

最后想明确的是，关于年金的权利性，其会受今后的法律修改所影响，但这并不能说明年金缺乏权利性。因为，几乎所有的债权性权利都会受到法律修改的影响，年金的受给付权自然也不会例外。就连债权之上的所有权都会由于公共利益的需要而被征收、征用。因此，年金的受给付权在现行日本法律体系中是具有权利性的。但是，日本法律中并没有对年金受给付权进行直接定义，为了保护年金受给付人的权利，笔者认为应该对是否在法律中直接明确年金受给付权的定义进行深入地讨论。

第六节　公有年金制度分类及日本公有年金体系

世界范围内公有年金制度主要可以分为两大类：第一，单一制度型的公有年金；第二，复合制度型的公有年金。

首先，单一制度型的公有年金是指国家对所有国民一视同仁，对国民适用相同的公有年金制度。其次，复合制度型的公有年金是指将适用年金制度的人群分为劳动者、个体户、公务员等，对不同的人群适用不同的年金制度。

复合制度型的公有年金往往是由下往上发展起来的，起初是分别为面向公务员的年金、面向建筑工人的年金等，然后由国家将这些零散的制度整合为一个统一的年金制度。而单一制度型的公有年金是直接由国家根据其国情设计的一元化的年金制度，对所有国民适用。采用单一制度型的公有年金的国家主要是发达国家，如北欧的瑞典，瑞典可谓是设计一元化年金制度最成功的国家，其年金制度被称为“瑞典模式”。

笔者认为，如果纯粹从理论上比较研究，毫无疑问，单一制度型的公有年金无论是从行政效率，还是公平性上都优于复合制度型的公有年金，可谓是年金制度的理想形态。但是，这仅仅是理论上的研究，“瑞典模式”确实适合北欧人口较少、经济发达的国家，其他国家是否也可以导入“瑞典模式”，笔者采取慎重态度。瑞典人口不足 1 000 万人，且人均收入极高，因此，瑞典可以使用单一制度型的公有年金，如将此制度导入其他国家（比如，人口是其十倍以上的日本，人口是其百倍以上的中国），此制度是否还具有可行性，需要通过理论研究及数据模拟来得出结论。

日本是采用复合制度型公有年金的典型发达国家。其年金制度中有基础年金、厚生年金、企业年金等。日本采用复合制度型的公有年金的缘由，与其年金制度由面向军人的年金发展而起，再吸收西方各国的制度等因素有关。日本 2018 年（平成 30 年）对年金一元化做出了尝试性的立法，在 2015 年（平成 27 年）

日本施行了为推进劳动者年金制度一元化而修改部分厚生年金保险法的法律①。此法律虽然条文较为复杂，但并未对日本的复合制度型的公有年金做出颠覆性地改变。

第七节　年金制度的评价基准

日本在 1995 年(平成 7 年)发布了《社会保障体制的再次构筑》②这一文件③。其中将社会保障制度的评价基准归纳为：普遍性、公平性、综合性、权利性、有效性、适当性、效率性、持续可能性。这些评价基准的适用规则是：根据一定情形优先适用某一评价基准。因此，此评价基准在实际适用时并非全面考虑这些基准，而是先确定某一评价基准的适用，然后进行判断。根据上述说明，日本采用的是复合制度型的公有年金，其实很难客观综合评价，因此，此评价基准是理论和实务妥协的产物。

根据《日本宪法》规定：年金水准应该至少定为让国民健康，且能以现代文明的方式生活④。但是，日本现在的年金水准

---

① 日语原文为：被用者年金制度の一元化等を図るための厚生年金保険法等の一部を改正する法律（ひようしゃねんきんせいどのいちげんかをはかるためのこうせいねんきんほけんほうとうのいちぶをかいせいするほうりつ）。

② 日语原文为：社会保障体制の再構築に関する勧告（しゃかいほしょうたいせいのさいこうちくにかんするかんこく）。

③ 总理府社会保障制度审议会事务局监修：《社会保障体制的再次构筑》，1995 年。

④ 参照《日本宪法》第 25 条。

并不能达到此标准。日本现在的年金标准是在对国民生活水平、劳动积极性、经济发展、财政状况进行考量之后而由政府制定的。其不仅仅考虑数字上的客观合理性，更重要的是在制定年金标准后，可以不影响国民的劳动积极性，并且可以保持年金财政的平衡。

第八节　年金制度的公平正义性

说到公平正义性，其实是一个非常广义而宽泛的概念。比如，在设计法律制度时就有机会公平、结果公平等。就以年金这一领域来说，有交换公平、配给公平、横向公平、纵向公平等。笔者认为这些公平正义之间其实存在矛盾，没有一种制度可以全部满足这些公平的概念，因此，就需要通过严谨地研究和作为一个学者的社会公义之心得出一种最为可行、相对最可被接受的方案。

关于交换公平和配给公平，简单而言指的就是上述社会保险方式和社会扶助方式。社会保险方式主要考虑交换公平，就是付出和获得要等价。社会扶助方式主要考虑配给公平，就是应该根据具体需求进行分配。这两种相互矛盾的公平概念自然没有对错之分，虽然现阶段采用社会保险方式的各国年金制度较多，但是其原因主要是其理论比较直观、可操作性更强。如果今后学者对社会扶助方式加以深入理论分析，使其有明确细致的理论依据的话，具有理论发展可能性的社会扶助方式一定会得到进一步的应用。

关于横向公平和纵向公平，主要是指在征收相关税收时的公平概念。相同收入的人自然缴纳相同的税收，收入高的人要比收入低的人承担较高的纳税负担。对于相同收入并缴纳相同保险费的人来说，其获得的年金给付也相同。

关于上述这些公平概念的优先适用问题，笔者认为公平是比平等还要广泛的概念，因为其需要考虑的元素实在太多，具有天然的不可比较性。公平正义是一个仁者见仁、智者见智的问题。相信每个人心中都有自己的公平正义的标准，因此，很难强行将每个人心中不同的公平正义统一成唯一的标准。因此，学者应本着自己良心，尽可能兼顾每一个人的利益，在考虑现实因素的基础上完善年金制度、年金政策的法学理论。

日本现在的年金制度为复合制度型。也就是说，各种制度之间的规定不同，年金给付及保险费负担也不同，这样会在各种年金制度中间造成不公平感。日本现在为了尽可能消除此不公平感，正在致力于推进年金一元化方案。

日本现行年金各制度中，对于个体户①的年金制度和对于劳动者②的年金制度是不同的。对于个体户来说，其缴纳固定金额的保险费，也给付固定金额的年金。而劳动者根据工资比例缴纳保险费，并根据缴纳的保险费获得年金给付。正是为了消除这样的差异，为了整个年金制度总体上更具有统一性和公

① 日本国民年金的第 1 号被保险人。
② 日本国民年金的第 2 号被保险人。

平性，日本推出了年金完全一元化法案[①]。但是，对于政府来说，个体户的收入很难具体掌握，如果贸然推进一元化法案，可能会造成新的不公平。日本不同于瑞典等北欧各国，其年金各制度较为复杂，并且是由明治时代逐个发展起来的。推进一元化法案会触及既得利益者的利益，面临很大的阻力，而且统合各个年金制度也需要立法上相当高的技术，所以，笔者认为日本今后会慎重地将年金完全一元化法案融入其整个年金制度中。

日本不同年代出生的人在缴纳相同保险费之后获得的年金金额有数倍的差距，很多学者主张应该维护公有年金在支付上的公平[②]。笔者认为，日本在经历失去的十年[③]之后，经济增长率极低。与之相对的是，在二十世纪六七十年代经济长期以10%以上的增长率增长，二十世纪四五十年代出生的日本人获得了比平成年代[④]出生的日本人数倍的年金，应该有经济增长的大背景原因。

了解日本的基本经济背景之后，可以将各个年代出生的人之间受年金给付的不公平问题主要分为：年代出生率问题和年代出生背景问题。

年代出生率问题是指不同年代的出生人口数量完全不同，

---

① 日语原文为：完全一元化案（かんぜんいちげんかあん）。

② 在英语中称为："actuarially fair"。

③ 在日语中被称为：失われた十年（うしなわれたじゅうねん）。指的是日本在20世纪90年代的10年里面经济几乎没有在数据上增长。

④ 日本的年号。平成元年从1989年1月8日开始。另外，日本改元一般并非在当年的1月1日，1989年1月1日至1989年1月7日的7天为昭和64年，从1989年1月8日开始才是平成元年，很多学者在标注日本年号时会有错误，笔者特注。

日本在第二次世界大战之后的几年内(特别是 1947 年(昭和 22 年)至 1949 年(昭和 24 年)的 3 年里)[①]出生率极高,而在 90 年代泡沫经济破灭之后出生率又急剧下降,因此,在进入 2000 年(平成 12 年)之后,日本迅速成为一个老龄化程度极高的国家。公有年金主要采用税收方式,以劳动人口的税金供应老龄人的年金以达到财政平衡,也就是说,现在日本以相对少量的劳动人口的税金在供应基数庞大的老龄人的年金,自然会形成年金财政不平衡,进而影响现在年轻人以后可以拿到的年金。年代出生率问题是年金财政的一个典型问题,在日本尤为明显,笔者认为年代出生率问题并非是一个永远存在的问题,比如 50 年之后,日本可能就会出现以极多的劳动人口的税金供应少量老龄人年金的现象,那时与其说是年代出生率问题,还不如称其为年代出生率红利,所以,如果因为一时的财政问题而去不断改变年金给付规则,反而会使年金制度缺乏确定性。笔者认为现在日本老龄人获得相对比较高金额的年金也是对其支撑日本数十年经济高度成长的回报,是具有一定合理性及依据的,但是,凡事也应该有一个度的问题,如果老龄人的年金超过了年轻人的平均工资,则很可能出现社会问题、财政问题,这时就应该进行相应调整。

年代出生背景问题是指各个年代出生的人的生活背景不同,比如,1920 年(大正 9 年)出生的人和 1950 年(昭和 25 年)出生的人,以及 1990 年(平成 2 年)出生的人是完全不同的,研

① 这 3 年出生的日本人由于人数众多,被称为团块世代。在日语中称为:团塊世代（だんかいせだい）。

究年金问题时也应该将各个年龄段的人的生活经济背景考虑进去。作为一个学者,比起冷冰冰的数据更应该考虑每个年龄段的人的实际情况,因此,不应该单以数据来分析哪个年龄段的人获得的年金较少,哪个年龄段的人获得的年金较多,而应该综合分析各因素,比如,1920 年(大正 9 年)出生的人经历了战争的苦难,第二次世界大战之后出生的人经历了物价的增长和工资的增长等。因此,制定年金标准的时候应该在考虑各个年代的人贡献的基础上,制订可以满足其基本期待的标准。而且,人类社会的发展并不是由各个年代所独立构成的,而是一个不断继承的过程,比如,中华文明已延续了 5 000 年,中华文明及财富也被后人不断继承。后时代的人可以继承前一时代的人财富、文明、社会经验,所以,笔者认为不应当只以数据分析,强行将各个时代的人对立起来,应理性思考每个年代的人获得年金金额的合理性问题。

第九节　年金财政

年金的财政方式大致可以分为纳税方式和基金方式。这是最简单也是最极端的分类,其实也有修正方式[①]、部分基金方

① 在英语中被称为:“intermediately funded scheme”。

式[①]等[②]。社会扶助方式的公有年金基本以纳税方式进行征收保险费，基本没有基金方式，所以，纳税方式和基金方式的应用区别主要体现在社会保险方式中。

在私有年金中，基本采用基金方式进行运营管理。由于私有企业会有破产的风险，如果采用基金方式的话，即使公司破产，也可以通过累积的基金向相关人进行年金给付。

而在公有年金领域，多数采用纳税方式。首先，公有年金的税收有国家强制力的保证，就算遇到年金财政危机也可以通过改变保险费额或者年金给付金额的方式来保证财政的平衡，因此，没有年金财政破产的担忧。而私人企业就不同了，其和客户之间有年金保险合同，自然必须遵守合同，否则，公司失去信誉将无法在这个社会立足。因此，在现有的法律制度下，纳税方式主要存在公有年金范围内。

基金方式的年金保险，从其名称上来看，其实兼有年金和储蓄的多重功能。而基金方式的保险费缴纳和年金给付多是横向的，也就是，同一年代的人之间共同缴纳保险费，通过对基金的经营管理，最后，年金给付也是同一年代的人之间分别获取。

纳税方式的年金保险主要体现了后辈对前辈的帮助。本来赡养父母(此处特指经济层面)是其子女的义务，我们中华文明中也有“百善孝为先”的理念，但是，随着现代社会中每个家庭的平均出生率降低以及家庭规模变小，某些小规模家庭的子女很

① 在英语中被称为:“partially funded scheme”。
② 田中周二、小野正昭、斧田浩二:《年金数理》，日本评论社 2011 年版。

难很好地对老人提供经济上的帮助。而随着现代国家的形成，年金保险的体系也日趋完善，通过国家对所有劳动者征收税金而对老龄人进行年金给付。也就是说，随着社会保障体系的构建，现在，将赡养老人这一课题从家庭层面转到了整个国家层面，让所有年轻人（子女）对所有老龄人（父母）进行经济帮助，以达到所有老龄人都老有所依的效果。

包括日本在内的很多国家的公有年金都是起初以基金方式进行运营管理，之后，慢慢转变为纳税方式或是修正方式。现在日本公有年金主要采用的是修正方式，也就是纳税方式和基金方式共存。根据判例，日本公有年金的基金作为纳税方式的财政补偿而存在①。

关于为何绝大多数国家都将其公有年金的运营管理方式由基金方式转变为纳税方式，详细原因如下：首先，为了保障公民的基本生活水平，在物价上涨时会提高公有年金的给付额度，如果采用基金方式则会产生基金储备额不足等情况。而维持基金方式需要一笔庞大的年金基金做支撑，国家将如此庞大的年金基金投入市场进行运营管理的话，可能会造成扰乱市场秩序的不良后果。现阶段纳税方式由于其相对容易掌控，法律关系比基金方式要相对简单，所以，被更多用于公有年金中。

现在日本学界有人主张将公有年金的运营管理方式由纳税方式再次变为基金方式。其主要主张为消除各个年代的人之间获得年金的差异。实际上在 20 世纪 90 年代，阿根廷等南美诸

① 参照京都地方裁判所判例，平成元年（1989 年）6 月 23 日，《判例时刻》第 710 号，第 140 页。

国以及匈牙利等东欧诸国都尝试将公有年金的运营管理方式由纳税方式变为基金方式，但是，无一例外地都失败了，阿根廷出现了社会动荡，直接由发达国家变为发展中国家。前述主张并没有拿出可以将巨大金额的年金税收转变为年金基金的可行性的具体依据，因此，应该对此主张采取谨慎态度。

还有日本学者主张将公有年金的运营管理交给民间公司[①]。笔者认为公有年金有其独特的性质，完全将其民营化会带来极大的不安定因素，但是，可以考虑将公有年金的一部分进行民营化运营管理，如将部分年金资金投入市场，或许会提高年金运营管理的效率，并可以在一定程度促进市场经济。改变一个体系自然有很多变数，今后会发生的状况是无法完全把握的，因此，应当在不影响现有社会秩序、相关年金权利获得者的情况下，循序渐进地采取具有实现可能性的年金改良方案。

① 小盐隆士：《年金民营化的构想》，日本经济新闻社 1998 年版。

第四章

日本公有年金保险制度相关法律体系总论

第一节 公有年金保险法的相关法律关系

日本的公有年金保险法是关于公有年金保险的法律。其主要法律关系为，被保险人负担保险费，在发生相关事件或者满足相关条件时，保险人向受给付权人进行保险给付，因此，公有年金保险法的法律关系为年金保险关系。

所谓法律关系主要是权利和义务之间的关系，一般权利必然伴随义务，而义务也必然伴随权利。以年金保险法律关系为例，对于保险人来说，其进行保险给付的义务伴随着收取保险费的权利，对于被保险人来说，其获得保险给付的权利伴随着缴纳保险费的义务，反之亦然。当然凡事皆有例外，就拿年金保险来说，相关人员有要求政府公开信息的权利，但没有伴随任何义务。对于政府来说，其有公开行政信息的义务，但没有伴随相关权利（比如向相关人收取费用等）。

年金保险的法律关系主要可以由保险人、被保险人、受给付权人、企业方自由决定，其法律关系受民法调整。当事人之间可以自由规定合同内容，也可以自由规定加入年金保险或者退出年金保险的条件。当然，公有年金保险法具有公法的性质，会受到行政法的约束。

第二节　日本公有年金保险法的历史

日本与其他国家一样，年金的历史以对军人的优待政策为起源。日本在1875年（明治8年）制定了《海军隐退令》，1876年（明治9年）制定了《陆军隐退令》，1884年（明治17年）制定了《官吏恩给令》，之后，又将这些文件法律化，到了大正时期的1923年（大正12年），制定了《恩给法》[①]。此恩给法并非是针对社会大众的年金保险制度，而是相当于面向国家公职人员的一种福利，其也为今后日本年金保险法的发展打下了基础。

日本首部具有公有年金保险法性质的法律为1939年（昭和14年）制定的《船员保险法》。1941年（昭和16年），制定针对一般男性体力劳动者的《劳动者年金保险法》，1944年（昭和19年），又将这部法律的适用对象扩大到了女性和脑力劳动者，并更名为《厚生年金保险法》。

日本在1959年（昭和34年）制定了《国民年金法》，由于这部法律的制定，个体户和农业从事者也可以获得公有年金的给付，至此，日本实现了“全民年金”。日本在1973年（昭和48年）大幅充实了社会保障制度。导入物价调整制度，受给付金额也达到5万日元。但是，也正是在1973年（昭和48年），发生了第

① 日语原文为：恩給法（おんきゅうほう）。

一次石油危机，由于此次危机的爆发，对日本的经济产生了负面影响。从 1974 年(昭和 49 年)起，日本对充实本国的社会保障制度采取了保守态度。特别是在 1985 年(昭和 60 年)对相关法律进行修改，将年金水准进行了下调。并且此次修改将 20 岁以上未满 60 岁的所有日本国民都归入国民年金的保障范围，向所有公民给付共通的基础年金。

此次修改导入基础年金的原因为，之前由于日本各种年金制度并存，在不同年金制度间存在保险费负担和获得年金金额的差异，每个人负担的基础年金保险费相同，获得的年金给付也相同，导入基础年金后，可以在最基础的受给付范围内削减前述差异。另外，由于日本有不同的年金保险制度，某些行业由于其劳动人口减少，造成其年金制度的财政赤字，因此，在基础范围内导入全民共通的基础年金可以在一定程度上缓和财政赤字。日本政府也通过导入基础年金，确立了年金制度的共通给付规则及行政规则等。最后，由于基础年金是针对个人进行的给付，其与之前针对家庭进行的给付不同，迎合了昭和时代末期日本普遍家庭规模变小的现状，符合社会公平性。

2004 年(平成 16 年)的年金保险相关法律修改时将保险费负担基准提高，此基准的固定是考虑了年轻一代的负担保险费诉求，故将基础年金的国库负担比例从 1/3 增加至 1/2。此次法律修改对于稳定日本公有年金制度和年金财政有着重要意义。之后，日本致力于推进年金制度的一元化，制定了《日本年金机构法》《公民年金事业改善法》《社会保障协定实施法》等相关法律。

第三节 公有年金保险法的适用

适用这一法律用语是指拥有合法权限的机关将法律的内容具体化。在社会保障领域表现为,年金保险人将年金保险法的某一内容具体适用到特定的个人,使年金保险人和个人之间的年金保险法律关系成立。如果年金保险法被适用,被保险人负担支付保险费的义务,满足条件之后获得年金的受给付权。

世界各国的公有年金保险分为适用于所有公民(包括无收入人群和低收入人群)的全民年金和适用于部分人群的非全民年金。当然,就算是全民年金,也要符合给付条件之后才可以获得受给付权。而在全民年金中可以分为:劳动者和个体户共同适用年金保险法的共通适用型和劳动者和个体户分别适用年金保险法的分离适用型。

日本的公有年金保险根据国民年金法理论全部为全民年金,但是,日本也有未加入年金保险的人群。在世界范围里,欧美国家基本都采用非全民年金的社会保障制度,日本却将无收入人群和无工作的人群也归入年金保险的适用范围,在世界范围内是比较少见的。

日本的《社会保险法》规定:原则上,所有国民都是被保险人。因此,可以理解其对所有国民强制适用。公有保险法里面的强制适用是将保险的相互扶助机能强制适用于所有公民,并且将社会连带保障制度强制适用于所有国民。

人生会遭遇很多不可预见的事情和风险。但是,很多人会只考虑眼前的状况或者只考虑自身的利益而不履行作为国民的义务,或者很多人会挑选一些有利于自己的年金保险加入,这对于一个国家的社会保障制度的构建是非常不利的。在经济学上可以将这种行为称为"搭便车"[①],为了防止这种道德风险,故采用了年金保险的强制适用制度。

如果是基金方式的年金制度,即使允许相关人员可以随意加入或退出也不会对年金财政造成太大的问题,但是,如果是税收方式的年金制度,允许相关人员可以随意加入或退出的话,会使年金财政变得极为不稳定,因此,采用强制制度(强制加入并不允许自行退出),来稳定年金财政是非常有必要的。因为公有年金保险是面对所有国民的,故需对所有国民负责,如果因为经济环境而发生保险费上涨的情况,允许被保险人可以随意退出,则整个公有年金保险制度就可能会面临失去信用且崩盘的困境。

第四节　日本公有年金保险的种类

日本的公有年金保险制度在理论上可以分为《公有年金保

① 在英语中被称为"free ride"。

险法》和《私有年金保险法》两大类。而在《公有年金保险法》中又可以分为狭义的《公有年金保险法》和广义的《公有年金保险法》。狭义的《公有年金保险法》是指规定征收公有年金保险的保险费和给付公有年金的法律(如《国民年金法》和《厚生年金法》等)。而广义的《公有年金保险法》是指与公有年金保险有关的所有法律。

《公有年金保险法实施细则》可以通过政令[①]、厚生劳动省令[②]、告示等进行施行。这些法律、政令、省令等在日本被统称为“法令”。

另外,除了上述《公有年金保险法》和《私有年金保险法》之外,还有类似于补充日本年金制度的法律,如《社会扶助法》《年金生活者支援法》等。其对整个日本年金制度起到了补充和完善的作用。

① 如《国民年金法施行令》等。

② 如《国民年金法施行规则》等。

第五章

日本公有年金制度中的国民年金法详解

第一节　关于国民年金法和厚生年金保险法

本章将会结合具体的判例，详细解析《日本国民年金法》和《厚生年金保险法》的制度内容、制度目的以及相关法理。

国民年金法适用于20岁以上未满60岁的所有日本国民。如果满足缴纳一定期间的保险费等相关条件，则会被给付老龄基础年金、残疾基础年金、遗孀基础年金等。《厚生年金保险法》的保障对象是劳动者，如满足缴纳一定期间的保险费等相关条件，则会给付老龄厚生年金、残疾厚生年金、残疾补贴、遗孀厚生年金等。

关于国民年金法的目的，《国民年金法》的第1条中规定：国民年金制度的目的为，根据《日本宪法》第25条第2款规定的理念，以所有国民的共同连带来防止因年老、残疾、死亡而引起的影响国民生活的不安定因素，以达到维持和促进更加健全的国民生活。

关于厚生年金保险法的目的，《厚生年金保险法》第1条规定：本法律的目的为，在劳动者年老、残疾、死亡时进行保险给付，全力促进劳动者及其遗孀的生活安定和福利水平。

如详细分析上述法律条文，可以看出维持和促进更加健全的国民生活以及促进生活安定和福利水平等内容比单纯进行年金给付有着更高层次的制度目的，因此，可以将进行年金给付看作达成此目的的一种手段。在《国民年金法》中出现了“国民的共同连带”这一语句，体现了国民年金法的互助性和强制性等，而在《厚生年金保险法》中虽并没有出现“共同连带”这一语句，但是，从其条文中的语句可以看出，《厚生年金保险法》通过“劳动者的共同连带”来达成其制度目的。

从上述条文中可以看出，《国民年金法》明确记载了“根据宪法第 25 条第 2 款”这一语句，说明其制度追求和《日本宪法》是一致的。而在《厚生年金保险法》中并未出现和宪法有关的语句，是不是说《厚生年金保险法》是在《宪法》之外另有制度追求呢？显然不是，根据《日本宪法》理念，所有法律都应该符合《宪法》规定并且应当积极实现《宪法》的理念①（不单单是《日本宪法》，包括我国在内的几乎所有国家的《宪法》都是如此规定的）。因此，在条文本身出现“宪法”这一语句的法律反而是极少数的，笔者认为《日本国民年金法》的第 1 条中特意强调其和宪法的一致性是有一定的时代背景的，由于日本社会一直对年金制度有很大的争议，而国民年金法又做出了较为具体的规定，所以，在 20 世纪 80 年代末期发生了关于《国民年金法》合宪性的诉讼，最后判定《国民年金法》符合宪法精神，其判决内容值得详细品读②。

---

① 参照《日本宪法》第 98 条、第 99 条。

② 参照日本京都地方裁判所判决，平成元年（1989 年）6 月 23 日，《判例时刻》第 710 号，第 140 页。

第二节　国民年金法和厚生年金保险法的强制适用

《国民年金法》和《厚生年金保险法》对所有日本国民强制适用，从日本国民的立场上来说，就是被强制加入国民年金和厚生年金保险。但是，“强制适用”这一概念是根据整体法律规定解读出来的，在法律条文中并未出现“强制适用”“强制加入”等语句，而是做了如下规定：在法律上满足一定条件的人为被保险人（《国民年金法》第 7 条）；未满 70 岁的劳动者为被保险人（《厚生年金保险法》第 9 条）。为何将前述解读为强制适用、强制加入是因为由于有了法律上的客观规定，则保险人和被保险人就不再拥有选择权，不可以任意加入或任意退出此公有年金保险制度。

如发生规定的法律事实，则相关人取得被保险人资格。如满足条件，则相关人在法律上当然成为被保险人，行政机关对此并无自由裁量的余地①。这一点与需要互相承诺的私有保险完全不同，私有保险可以自由协商保险合同的具体内容②。虽然相关人在法律上成为被保险人，但是，行政上的必要手续还是需

① 参照日本东京地方裁判所判决，昭和 63 年（1988 年）2 月 25 日，《判例时报》第 1269 号，第 71 页。

② 实务中，私有保险为提高效率，多数采用格式合同，因此，实际上也并非完全可以对具体保险合同内容进行协商。

要的(不影响被保险人资格的取得)。关于国民年金,需要向厚生劳动大臣提交被保险人资格取得的报告书[①]。如是厚生年金,则需要向厚生劳动大臣提交被保险人资格取得的报告书,并经厚生劳动大臣确认相关资格[②]。但是,报告书及厚生劳动大臣的确认并非是被保险人资格的发生条件,因此,取得被保险人资格的时刻并非是报告书提交时或被厚生劳动大臣确认时,而是满足法定条件时[③④]。但凡事都有例外,根据《厚生年金保险法》第 10 条第 1 项和第 11 条的规定,需得到厚生劳动大臣的认可才能取得被保险人资格的例外情形。取得被保险人资格后自然产生相关的权利和义务,可以将提交报告书等理解为在取得被保险人资格后需要履行的义务。

取得被保险人资格,并不需要相关人具有行为能力和意思表达能力,既然是法律的客观规定,也不需要相关人知晓其有加入国民年金和厚生年金保险的义务。另外,由于符合条件就可以取得被保险人资格,所以,对相关人的性别、国籍没有任何限制,在日本的外国人也可以取得被保险人资格。关于被保险人的权利并没有消灭时效的规定,但是,关于保险金的给付有时效规定。综上所述,在国民年金和厚生年金保险领域,保险费、保险金的给付、被保险人的类别原则上都是法律规定,相关当事人没有随意选择的空间。

---

① 参照《国民年金法》第 12 条。

② 参照《厚生年金保险法》第 18 条、第 27 条。

③ 参照《国民年金法》第 8 条;《厚生年金保险法》第 13 条。

④ 参照日本东京地方裁判所判例,平成 17 年(2005 年)10 月 27 日,《劳动判例》第 907 号,第 84 页。

关于社会保险对所有国民强制适用的理由已在上文中论述，可以主要归纳为以下几点：将所有国民加入社会保险体系中，可以对所有遭遇保险事故的国民进行保险给付，保障所有国民的生活；可以避免“搭便车”（free ride）等道德风险；可以保证年金财政的相对安定；某些人会选择性地加入一些对自己有利的保险，而不加入其自认为发生可能性较低的保险，这被称为逆向选择问题，社会保险对所有国民实行强制适用可以一定程度上有效解决逆向选择问题。如仔细研究日本有关社会保险法的判例，关于实行强制适用的理论依据，判决文中基本采用前述理由[①]。

有学者指出，社会保险法的强制适用会引起关于是否违反宪法所规定的自由权的讨论，另外，根据上述说明，公有年金保险的保险费是被强制征收的[②]，这也会引起关于是否违反宪法所规定的财产权不可侵犯以及保护国民健康文化生活规定的讨论[③]。

---

① 参照日本最高裁判所大法庭判决，平成 18 年（2006 年）3 月 1 日，《民事判例集》第 60 卷 2 号，第 587 页。

参照日本最高裁判所判决，昭和 40 年（1965 年）6 月 18 日，《判例时报》第 418 号，第 35 页。

参照日本名古屋地方裁判所判决，昭和 60 年（1985 年）9 月 4 日，《判例时报》第 1176 号，第 79 页。

参照日本京都地方裁判所判决，平成 11 年（1999 年）9 月 30 日，《判例时报》第 1715 号，第 51 页。

参照日本大阪地方裁判所判决，平成 18 年（2006 年）1 月 26 日，《劳动判例》第 912 号，第 51 页。

参照日本奈良地方裁判所判决，平成 18 年（2006 年）9 月 5 日，《劳动判例》第 925 号，第 53 页。

② 参照《国民年金法》第 96 条；《厚生年金保险法》第 86 条。

③ 加藤智章：《强制加入的手续和法学构造》，载《新时代的劳动合同法理论》，信山社出版 2003 年版。

关于国民年金法和厚生年金保险法的强制适用的合理性问题，根据判例所示，其应以保障国民生活、促进福利等公益事业为目的，所以，具有宪法上的合理性。更何况，财产权在现今世界的法律体系中也并非绝对的权利，受到公共利益的制约[①]，而保险费的征收正是为了所有国民的公共福祉。因此，对所有国民强制适用国民年金法和厚生年金保险法，并且强制征收保险费并不违反宪法上的自由权、财产权、人类最低生活权、生活向上权等权利。

第三节　保险人

日本的国民年金和厚生年金由政府掌管[②]，因此，在日本，国民年金事业和厚生年金事业被称为政府掌管的年金事业[③]，政府是此年金事业的保险人。为何将政府作为国民年金和厚生年金的保险人，主要依据为：公有年金制度是强制性的制度，而公有年金制度也是长期性的保险制度，政府需对此制度担起责任。日本的厚生劳动省是在内阁统筹下掌管行政事务的国家机关[④]，其掌管国民年金事业和厚生年金事业，在厚生劳动省之下

① 参照《日本宪法》第 29 条第 2 款。
② 参照《国民年金法》第 3 条；《厚生年金保险法》第 2 条。
③ 日语原文为：政府管掌年金事業（せいふかんしょうねんきんじぎょう）。
④ 参照《国家行政组织法》第 2 条、第 3 条。

设有年金局[①]，年金局根据厚生劳动省组织令掌管相关的年金事务。

作为日本国务大臣的厚生劳动大臣有分担管理行政事务的权利和义务[②]，其作为厚生劳动省的长官自然分担管理厚生劳动省的行政事务[③]。因此，日本国民年金和厚生年金的相关权限基本属于厚生劳动大臣，关于厚生年金基金的管理运用的权限为厚生劳动大臣、财务大臣、总务大臣、文部科学大臣共同拥有[④]。

厚生劳动大臣可以将其权限的一部分委任给地方厚生局或者地方厚生支局的长官[⑤]。地方厚生局和地方厚生支局是厚生劳动省所设置的作为地方分支部局的行政官署[⑥]。但是，这并不代表地方厚生局和地方厚生支局可以作为日本法律上独立的权利义务的归属主体，因此，并不能以其为对象提起行政诉讼。此外，厚生劳动大臣会将很多具体事务委托给日本年金机构，日本的市区町村的长官及共济组也会执行一部分国民年金法和厚生年金保险法的相关事务。

在日本推进年金一元化方案之后，国民年金法和厚生年金保险法的细则根据国民年金法和厚生年金保险法的施行令、施行规则、告示、主务省令制定。为了政府掌管的年金事业的顺畅

---

① 参照《国家行政组织法》第 7 条第 1 项。

② 参照《内阁法》第 2 条第 1 项、第 3 条第 1 项。

③ 参照《行政组织法》第 5 条第 1 项;《厚生劳动省设置法》第 2 条第 2 项。

④ 参照《厚生年金保险法》第 79 条、第 100 条。

⑤ 参照《国民年金法》第 109 条;《厚生年金保险法》第 100 条;《日本年金机构法》第 56 条。

⑥ 参照《行政组织法》第 9 条;《厚生劳动省设置法》第 18 条、第 19 条。

进行，年金局会向地方厚生局和地方厚生支局发出很多年金业务的通知，此通知并非是日本行政法意义上的“通达”[①]，而是广义上的通知。

日本市区町长官处理国民年金事业的一部分事务，包括受理基础年金的裁定请求、受理保险费的免除申请等[②]。由于市区町村的长官所在位置离当地居民很近，因此，其处理具体的年金业务对于当地居民来说是一件非常便利的事情。

关于相关机关、组织的权限，根据《国民年金法》第3条第2项的规定：日本国民年金事业的一部分可以交给国家公务员共济组合连合会、地方公务员共济组合连合会、全国市町村职员共济组合连合会、地方职员共济组合、私学事业团处理。而根据《厚生年金保险法》第2条和《厚生年金保险施行令》第1条的规定：厚生年金事业的一部分可以交给厚生劳动大臣、国家公务员共济组合、国家公务员共济组合连合会、地方公务员共济组合、市町村共济连合会、地方公务员共济组合连合会、私学事业团处理。

为了国民年金事业和厚生年金事业的顺利实施，政府有责任对年金方面的教育、宣传、恳谈、信息提供做出应有的努力，而年金的教育、宣传、恳谈、信息提供等事业对年金制度的发展有着极其重要的意义。根据《信息公开法》[③]第3条的规定：日本

① 日语原文为：通達（つうたつ）。

② 参照《国民年金令》第1条。

③ 日语原文为：行政機関の保有する情報の公開に関する法律（ぎょうせいきかんのほゆうするじょうほうのこうかいにかんするほうりつ）。

国民对行政机关的长官有关于行政文书的开示请求权[①]。

前面说到政府、厚生劳动大臣、日本年金机构有义务对年金事业做出应有的努力，如果其不进行关于年金的宣传教育工作时，是否能追究其法律责任则变成了一个可以探讨的问题。笔者认为，政府事业的教育、宣传的法律条文中写的是："可以"进行必要的教育、宣传，而不是"应当"，因此，即使相关机关对年金的教育、宣传有所懈怠，也很难对其追究法律责任。而且，如果仅仅因为宣传力度不够而被追究法律责任的话，反而会使法律的不确定性增加，不利于维护法律的稳定性[②]。

但是，如果是告知义务的话，情况就完全不同了。如果法律上规定对个人有告知义务，而相关机关怠于履行告知义务的话，会产生相应的损害赔偿责任。相关机关有义务对被保险人进行必要而明确易懂的通知[③]。如果不进行规定的通知或者通知的不正确或者不完整的话，会存在发生法律责任的可能性，当然，具体产生什么法律责任还要根据具体情况而定。但是，关于《国民年金法》和《厚生年金保险法》的告知义务的规定并不明确，这里就需要对其进行相关解释。如果根据一般社会的常识或者社会正义，应履行告知义务的话，如不履行此义务则会被追究责

① 参照日本大阪高等裁判所判决，平成19年(2007年)1月31日，LEX/DB 28141413(《厚生年金保险法》)。

② 参照日本广岛高等裁判所判决，平成18年(2006年)2月22日，《判例时刻》第1208号，第104页。

③ 参照《国民年金法》第14条；《国民年金施行规则》第15条；《厚生年金保险法》第31条；《厚生年金保险法施行规则》第12条。

任[1]。如因相关人员不履行告知义务或者履行告知义务不充分而导致失去缴纳保险费的机会的话,在一定情况下可以补缴保险费。

是否违反告知义务其实很难以一个恒定的标准来衡量,比如,对不通晓当地文字的人应当进行口头说明或者提供翻译,对老年人应该说明得更加仔细并且将小字醒目标示出来。因此,日本的判例也是基本由法官根据当时的具体情况进行裁量,其主要根据当事人是否有损害发生而进行判断[2]。

第四节　日本年金机构概述

日本年金机构是根据日本年金机构法设立的公法人[3]。日本年金机构的主事务所设在日本东京,在其他地方也有分事务所。日本年金机构虽然一般算不上行政组织法意义上的行政机关,但是,其可以作为行政诉讼的对象[4]。根据《日本年金机构

① 大原利夫:《社会保障法中的个别信息提供义务》,载《法学志林》2016年第113卷3号。

② 日本东京高等裁判所判决,平成22年(2010年)2月18日,《判例时报》第2111号,第12页。

日本东京地方裁判所判决,平成26年(2014年)2月28日,LEX/DB 25518094(《厚生年金保险法》)。

日本东京高等裁判所判决,平成23年(2011年)4月20日,第一法规28180346(《国民年金法》)。

③ 参照《日本年金机构法》第3条。

④ 参照日本最高裁判所决定,平成26年(2014年)9月25日,《民事判例集》第68卷7号,第781页。

法》第 1 条和第 2 条的规定：日本年金机构设置的目的为：确保国民对政府掌管的年金事业、厚生年金保险制度、国民年金制度的信赖感以及使国民的生活更加安定。笔者认为，日本设置年金机构的主要用意是在政府机关之外设立一个非公务员型的法人，使得关于年金问题可以有一个官民沟通的渠道，从而使政府更能准确地把握民意，制订更可行的年金政策。这点从《日本年金机构法》的第 2 条中也能看出。《日本年金机构法》的第 2 条的表述大致为：日本年金机构在业务运营时，应当以国民的信赖为基础，力图全面反映国民对政府掌管的年金事业的意见，提供更高水准的服务，尽力提高年金业务运营的效率，确保年金业务的公正性和透明性。从此条文中也可以看出，日本年金机构其实起着一个拉近政府和民众的距离，使得政府可以听见民众对年金事业的声音，并使年金业务更高效地运转的作用。

根据《国民年金法》和《厚生年金保险法》的规定，厚生劳动大臣可以对日本年金机构进行权限委托和事务委托。权限委托是指将整个权限委任给日本年金机构，因此，是以日本年金机构的名义进行事务处理。而事务委托只是将具体事务委任给日本年金机构，整体业务仍然是以是厚生劳动大臣的名义进行。

为何有上述分类方法，其依据是和公有年金制度的根本责任有关。年金保险费的征收和年金的给付是一个国家公有年金制度中最重要的部分，因此，上述事项由厚生劳动大臣的名义进行相关业务，其实也可以概括认为与实际金钱流动相关的业务是最基本的年金业务，由厚生劳动大臣负责，其他具体业务可以交由日本年金机构负责。但是，因为有权限委托才会发生权限的转移，所以，一般如无特殊表述，《国民年金法》和《厚生年金保险法》的权限主体及事务主体为厚生劳动大臣。厚生劳动大臣可以对日本年金机构进行一系列的委托，但也负有监督其正确履行委托业务的责任。

日本年金机构应当对厚生劳动大臣提供包括被保险人的资格、保险费的免除等内容在内的相关信息[①]。日本年金机构需向被保险人送达“年金定期邮件”。“年金定期邮件”分为两种：一种是向所有被保险人发送的邮件，在每年被保险人生日的那个月，向被保险人发送关于年金加入期间、年金额度、保险费的缴纳额、厚生年金的标准报酬额等信息；另外一种是在被保险人35岁、45岁、59岁时进行被保险人资格的取得及消灭、被保险人资格的种类变更等相关通知[②]。

日本年金机构向所有被保险人或受给付权人提供年金网上查询服务。日本年金机构向所有被保险人或受给付权人提供一个用户账号及密码，使其可以自行在网上查询关于自己的保险费缴纳额、将来能取得的年金额度等信息。

日本年金机构也可以将自己的业务的一部分委托给民间公司来运营管理[③]，这被称为外部委托，其有助于削减成本、提高年金业务的效率。因为年金业务纷繁复杂，如果日本年金机构把所有业务都包揽下来的话，会造成其业务的种类过于繁多，无法集中处理年金中最重要的业务，如把电话督促业务之类的相

① 参照《国民年金法》第109条；《厚生年金保险法》第100条。

② 参照《国民年金法》第14条；《国民年金施行规则》第15条；《厚生年金保险法》第31条；《厚生年金保险施行规则》第12条。

③ 参照《日本年金机构法》第31条。

对简单、单一的业务外包给其他公司的话，既可以促进民营经济发展，又可以节约很多人力成本。另外，日本年金机构也会将一部分专业性特别强的年金咨询业务委托给日本的社会保险劳务士事务所，以保证提供最专业的年金咨询业务。

厚生劳动大臣可以对日本年金机构推荐的人选进行筛选，选出能够理解年金事业并有热情从事年金业务的人，任免其为年金委员①。年金委员与厚生劳动大臣和日本年金机构一起齐心协力管理年金事业，接受相关关于年金事务的咨询，并提供自己的建议②。日本的年金委员分为地域型和职域型。地域型年金委员接受国民年金的咨询，而职域型年金委员接受厚生年金的咨询。

第五节　国民年金的被保险人

根据《日本国民年金法》规定，原则上 20 岁以上、未满 60 岁的所有日本国民皆为国民年金法的适用对象。其实直到 1985 年(昭和 60 年)为止，国民年金的适用对象只有个体户、农业、林业、渔业从业者以及无业人员，普通劳动者并非其强制适用对象，普通劳动者的配偶也并非其强制适用对象。但是在 1986 年(昭和 61 年)之后，普通劳动者及其配偶成为国民年金的强制保

---

① 参照《日本年金机构法》第 30 条第 1 项。
② 参照《日本年金机构法》第 30 条第 2 项。

障对象,而从1991年(平成3年)开始,20岁以上在校学生[①]也成为国民年金的强制适用范围。公有年金保险的加入者,在国民年金法、厚生年金保险法中被称为"被保险人"。

国民年金的被保险人可以大致分为:强制加入的被保险人和任意加入的被保险人。而在强制加入的被保险人中又可以分为:第1号被保险人、第2号被保险人、第3号被保险人。根据前述不同分类,被保险人需负担的保险费不同。

第六节 国民年金的第1号被保险人详解

如果不符合国民年金的第2号被保险人和第3号被保险人的条件,并且在日本有住所,年龄在20岁以上、未满60岁的人都为国民年金的第1号被保险人[②]。归根结底,第1号被保险人的相关条件只有两点:一是住所条件;二是年龄条件。第1号被保险人的主要人群为个体户,也包括一些学生、农业林业渔业从业者以及无业人员。关于第1号被保险人的住所条件及年龄条件会在下文中详细论述。

根据上述说明,作为第1号被保险人需要在日本有住所(第2号被保险人、第3号被保险人则不需要此条件)。此处的住所

① 包括大学生、大学院生、专门学校的学生、高中生等各类学生。
② 参照《日本国民年金法》第7条。

是一个宽泛并抽象的概念，具体如何认定“住所”这个概念，应该参照《日本民法》第22条中对住所的理解。对住所的认定应该以实际生活为准(实质主义)，而不应该仅仅根据日本住民票上的地址确定住所(形式主义)。参照日本的判例，对一个人的生活据点的确定，既应该考虑其主观是否有定住的意思，也应该考虑各种客观因素[①]，从而进行综合地判断。

根据上述关于住所的说明，住所的认定需要结合主观及客观各种因素进行判断。因此，就算是日本国民，如其居住在日本领土以外的话，则无论根据主观因素还是客观因素，都应当认定其在日本国内没有住所。而根据第1号被保险人的加入条件，其不能成为第1号被保险人。但是，这并不代表在日本国内没有住所的日本国民不能加入国民年金，因为第2号被保险人和第3号被保险人的加入条件中并没有规定住所条件，其如符合相关要件，则可以成为国民年金的第2号被保险人或第3号被保险人。

根据上文叙述，住所是一个非常宽泛的概念，根据《日本民法》第23条第1项的规定，在不知相关人住所的时候，以其居所作为其住所。笔者认为，居所是一个更为宽泛的概念，临时住的宾馆、牧羊人搭建的帐篷，甚至是流浪汉在路边的简易床铺都可以被称为居所。因此，只要拥有临时居所，就符合国民年金第1号被保险人的加入条件中的住所条件。

另外，第1号被保险人需要满足20岁以上、未满60岁这一

① 参照日本最高裁判所判决，昭和27年(1952年)4月15日，《民事判例集》第6卷4号，第413页。

条件。但是，60 岁以上也可以选择作为任意加入被保险人加入国民年金，任意加入被保险人和第 1 号被保险人在身份上有所区别。这里的年龄采用满年龄制，所谓满年龄制是指出生时为 0 岁而不是 1 岁，到达来年生日时为 1 周岁，再到次年生日时为 2 周岁。其实这是一个特别规定，因为和一般民法的规定略有不同。根据《日本民法》第 140 条的规定，初始日期并不算入相关对应期间中去，比如，借款日为 1 月 1 日，期间为 1 年的话，1 月 1 日并不算入此期间中，其借款期间为 1 月 2 日至次年的 1 月 1 日。关于年龄的计算则从出生之日开始起算[①]。

关于为何将第 1 号被保险人的年龄条件规定为 20 岁以上、未满 60 岁，是因为当年制定旧国民年金法时，根据各种统计，个体户进行生产活动的年龄一般为 20 岁以上、未满 60 岁[②]。

上文中提到了任意加入被保险人这一制度。当满足以下几个条件的其中之一，并且向厚生劳动大臣提出申请后，可以成为日本年金制度中的任意加入被保险人。

一是，在日本国内有住所，年龄为 20 岁以上、未满 60 岁，并且为厚生年金保险法中的老龄给付等受给付权人。

二是，在日本国内有住所，年龄为 60 岁以上、未满 65 岁。

三是，拥有日本国籍，在日本国内没有住所，年龄为 20 岁以上、未满 65 岁。

任意加入被保险人虽然名义上不是第 1 号被保险人，但是，

---

① 参照日本关于年龄计算的法律。日语原文为：年齢計算ニ関スル法律(ねんれいけいさんにかんするほうりつ) 。

② 参照日本最高裁判所判决，平成 19 年(2007 年)10 月 9 日，《裁判所时报》第 1445 号，第 4 页。

也必须缴纳与第1号被保险人相同的保险费，并且可以缴纳附加保险费。第1号被保险人如果满足所有相关条件，将会被免除保险费，但是，任意加入被保险人则不能被免除保险费。这是因为任意加入这一制度是为想要获得年金受给付资格或者想要增加自己的年金额度的人创设的一种特别制度。因此，根据上述分析，被免除保险费的人是不能作为任意加入被保险人加入国民年金的。

第七节　国民年金的第2号被保险人详解

日本国民年金的第2号被保险人既是国民年金的被保险人，也是厚生年金的被保险人。此谓双重加入。在日本第2号被保险人多为公司职员，比起第1号被保险人制度和第3号被保险人制度，第2号被保险人制度适用人群更为广泛。

日本国民年金的第1号被保险人和第2号被保险人有年龄限制，只有20岁以上，未满60岁的人才可以加入[①]。但是，如是厚生年金的被保险人，就算未满20岁，或是60岁以上，也可以成为第2号被保险人[②]。厚生年金的被保险人的年龄限制为70岁以下[③]。但是，根据日本国民年金法附则的规定，如果不具

① 参照《日本国民年金法》第7条。
② 参照《日本国民年金法》第7条、第8条。
③ 参照《日本厚生年金保险法》第9条。

有老龄基础年金等的受给付权，且为厚生年金的被保险人的话，即使年龄在 65 岁以上也可以成为国民年金的第 2 号被保险人①。

第八节　国民年金的第 3 号被保险人详解

国民年金的第 3 号被保险人的规定相对较为特殊。根据《日本国民年金法》第 7 条第 3 项第 3 号的规定，国民年金的第 3 号被保险人的相关要件如下所示。

第一，为国民年金的第 2 号被保险人的配偶（以下简称“配偶要件”）。

第二，以第 2 号被保险人的相关收入为主要生计来源（以下简称“生计维持要件”）。

第三，年龄为 20 岁以上，未满 60 岁（以下简称“年龄要件”）。

第四，非国民年金的第 2 号被保险人。

综上所述，上述第 4 条要件为，第 3 号被保险人不得同时是第 2 号被保险人，这看似是理所当然的规定，其实，此规定的真实目的为，如果夫妻双方都参加工作，都是作为第 2 号被保险人而加入国民年金的话，任何一人都不可以再作为第 3 号被保险

① 参照《日本国民年金法附则》第 3 条、第 4 条。

人加入国民年金。从这里可以看出，日本国民年金的第 3 号被保险人制度主要是为了家庭主妇（或家庭主夫）设置的。关于配偶要件、生计维持要件、年龄要件的规定相对较为复杂，其认定和判断需考虑各种因素，关于其具体规定将在下文中详细叙述。

关于配偶要件，夫和妻互为配偶，因此，配偶指的是夫或妻的任何一方。当然，在现实社会中也存在事实婚姻这一情况，在日本国民年金制度中，事实婚姻中的男女双方也被认为符合配偶要件[①]。

理论上，第 3 号被保险人虽然既可以是家庭主妇，也可以是家庭主夫，但是参照日本厚生劳动省的数据，现在日本国民年金的第 3 号被保险人几乎全为女性，女性占据了将近 99%[②]，第 3 号被保险人制度在实质上可以说是为了作为家庭主妇照顾家庭而不能去工作的妻子设置的。因此，根据实际情况，可以将第 3 号被保险人和第 2 号被保险人直接称为妻子和丈夫。而第 3 号被保险人在法律上的正式称谓是被抚养的配偶[③]。

如果一个丈夫同时拥有法律婚姻上的妻子和事实婚姻上的妻子，如何认定谁拥有作为其第 3 号被保险人的资格则会成为问题。因为在日本的外国人也可以成为第 2 号被保险人。所以，有可能第 2 号被保险人是来自认可一夫多妻制的国家的人（如中东各国），如其有多个妻子，如何认定谁拥有作为其第 3 号

① 参照《日本国民年金法》第 5 条。

② 参照日本厚生劳动省平成 29 年（2017 年）厚生年金保险、国民年金事业概况的相关数据。

③ 参照《日本国民年金法》第 7 条。日语原文为：被扶養配偶者（ひふようはいぐうしゃ）。

被保险人的资格也会成为问题。关于此类问题，将在下文中做出详细说明。

首先，探讨关于同时存在法律婚姻和事实婚姻的情形。在日本，如同时存在法律婚姻和事实婚姻的配偶，这被称为重婚内缘关系[①]。而事实婚姻的配偶被称为重婚内缘配偶[②]。当然，在国民年金法和厚生年金保险法层面并没有对重婚内缘关系的具体规定，需要法律人对其进行相关解释。

重婚和重婚内缘是不同的两个概念。根据《日本民法》第732条的规定，重婚被日本家族法所禁止[③]。因此，处于重婚内缘关系的人在理论上是不能在日本登记结婚的。上述同时存在法律婚姻和事实婚姻的情形并非是重婚，而是重婚内缘关系。根据通说观点，重婚在民法上被禁止，重婚内缘关系也违反婚姻道德及公序良俗，因此，关于相关年金的给付，原则上，法律婚姻中的配偶优先于事实婚姻中的配偶。

但是，如果法律婚姻关系已经名存实亡，也就是说，如果夫妻双方早已分居，且极少联系，已经处在事实上的离婚状态，而且，事实婚姻中的配偶者的主要生活来源来自另一方的收入，在此特殊情形下，事实婚姻中的配偶者有可能在年金给付问题上

---

① 日语原文为：重婚的内縁関係（じゅうこんてきないえんかんけい）。

② 日语原文为：重婚的内縁の配偶者（じゅうこんてきないえんのはいぐうしゃ）。

③ 在日本，理论上，婚姻期间的再次婚姻登记不会被受理，但是，特殊情形下也有重婚的可能性。比如，离婚后再和其他人结婚，但是因某些原因，离婚被取消的话，就形成了之前的婚姻被恢复，但又同时存在之后的婚姻的情形，此情形即为重婚。

优先于法律婚姻中的配偶者[①]。

其次，探讨关于相关被保险人是来自认可一夫多妻制的国家的人（如中东各国）的情形。如果第 2 号被保险人有多个配偶，由谁具有第 3 号被保险人的资格则会成为问题。由于日本不承认重婚，施行一夫一妻制，所以，拥有多个配偶这一法律事实会被认为是违反公序良俗原则而不被承认。因此，就算拥有多个配偶，也只有一人可以具有第 3 号被保险人的资格[②]。

虽然根据日本法律的规定只有一个配偶具有第 3 号被保险人的资格，但是，由于根据相关人的国籍地法律规定，所有配偶都是其合法的配偶，具体是由哪一个配偶拥有年金相关的权利，则需要进一步讨论。根据日本年金机构疑义照会回答，由最先与相关人进行婚姻登记的配偶拥有年金相关的权利，但是，根据上述分析，如果前述配偶与相关人的婚姻关系已经属于名存实亡状态，则由剩余配偶中最先与相关人进行婚姻登记的人拥有年金相关的权利，以此类推。笔者认为，此解释主要考虑的是行政实务上的便利性，采用一夫多妻制的中东等国的婚姻实际情形其实与我国和日本大不相同，不能只采用一夫一妻制国家对家族法的理解来认定其婚姻，在考虑行政便利性及实际操作可能性的同时，也应该考量一下相关国家的婚姻实态，如某些国家中最先进行婚姻登记的配偶其实并非是“正妻”，因此，如相关被保险人是来自认可一夫多妻制的国家的人，有关其年金相关的

① 参照日本最高裁判所判决，昭和 58 年（1983 年）4 月 14 日，《民事判例集》第 37 卷 3 号，第 270 页。

② 溜池良夫：《国际私法讲义》（第 3 版），有斐阁 2005 年版。

权利问题，应该结合具体国情而进一步深入讨论。

综上所述，第 3 号被保险人资格的判断其实比较复杂，需要根据具体情形，具体讨论。

第 3 号被保险人与第 1 号被保险人不同，其没有住所要件。因此，即使作为第 2 号被保险人的配偶，即第 3 号被保险人居住在日本以外的地区，只要其满足了生计维持要件及年龄要件，就可以成为日本国民年金的第 3 号被保险人。

生计维持要件由日本年金机构根据日本的《健康保险法》来进行认定[①]。在日本行政实务上，如果妻子的年收入未满 130 万日元，并且，其收入未满丈夫年收入的 1/2，则其可成为国民年金的第 3 号被保险人。但是，随着日本厚生年金保险对于劳动者适用范围的扩大，即使年收入未满 130 万日元，只要满足《厚生年金保险法》的适用条件，相关人也可以成为第 2 号被保险人，而不是第 3 号被保险人。

上述年收入的认定是根据被抚养配偶的总收入而确定的。所谓总收入，包括工资收入、事业收入及其他收入等。一般来说，生计维持要件的认定是根据《日本健康保险法》和《所得税法》的相关规定[②]，并按照上一年的总收入来综合判断的。但是，生计维持要件的认定并不适用日本的《行政手续法》[③]。换言之，相关人对于相应的行政判断或行政处分并没有申请听证或辩解的机会[④]。当然，日本关于生计维持要件的认定究竟是

① 参照《日本国民年金法》第 7 条；《国民年金法施行令》第 4 条。

② 主要参照《日本健康保险法》第 3 条第 7 款；《所得税法》第 2 条第 1 款。

③ 参照《日本国民年金法》第 7 条第 3 款。

④ 参照《日本行政手续法》第 13 条。

一种基准认定，还是行政处分是有争议的。笔者认为，在日本，判断是否为行政处分的重要依据就是行政人员是否有相关的自由裁量权。而既然生计维持要件的判断需要综合各类收入及日本健康保险法和所得税法等各种要素，其判断基准自然不是单一的，非单一性判断需要行政人员的裁量，因此，笔者认为生计维持要件属于行政处分。而在东京高等裁判所的决定①中也认为，被扶养人的认定属于国家公权力的行使行为。

关于年龄要件则较为简单，年龄需满足为 20 岁以上，60 岁以下。也就是说，相关人一旦年满 60 岁就会丧失第 3 号被保险人的资格②。但是，如果满足相关条件，还是可以在 65 岁之前加入日本国民年金③。

第九节　关于国民年金的第 3 号被保险人制度的分析

不知各位读者是否发现了日本国民年金的第 3 号被保险人制度根本用意及精髓。日本国民年金的第 3 号被保险人制度最重要的特征便是相关人并不需要缴纳保险费，而其配偶也不需要在缴纳原有保险费的基础上额外缴纳保险费。日本所有国民

① 参照日本东京高等裁判所决定，平成 25 年(2013 年)8 月 15 日，《薪酬及社会保险判例》第 1638 号，第 48 页。

② 参照《日本国民年金法》第 9 条。

③ 参照《日本国民年金法附则》第 5 条。

都有获得基础年金的权利，而关于国民年金则需要相关资格并需要缴纳保险费以保持年金财政平衡，而第3号被保险人没有支付国民年金的保险费就可以获得年金，这是否破坏了年金的公平性，在日本有很大的争议。

笔者认为，分析年金的公平性应该综合考虑各种因素。首先，很多学者认为，国民年金的第3号被保险人制度对双薪家庭不公平。由于第3号被保险人制度的存在，双薪家庭的年金总额可能和单薪家庭是相同的，而双薪家庭夫妇双方都每天在外辛苦劳作，如其获得的年金总额和单薪家庭差不多的话，这会有损年金制度总体的公平性。但是，笔者认为，首先，国民年金的第3号被保险人中将近99%都是女性，而结合日本的社会现状，日本女性的就业机会及薪资都远远不如男性[①]，很多优秀的女性为了照顾家庭而做了家庭主妇，为家庭主妇而设置国民年金的第3号被保险人制度是有一定道理的。

此外，日本学界对于国民年金的第3号被保险人制度的批判缺乏学术上的统一性及严谨性。根据日本健康保险法的规定，被保险人所抚养的配偶及子女不需要缴纳保险费就可以进行相关的医疗给付。而美国等发达国家的社会保障制度也是只要一方缴纳了保险费，其配偶就可以享受相关的社会保障待遇，而不需要另行缴纳保险费。归根结底，社会保障制度本身就不应该根据“钱”(保险费的缴纳)来决定，而应该根据社会的实际需求而决定，所以，才衍生出了医疗保险制度、遗孀年金制度、残

---

① 参照日本东京地方裁判所判决，平成25年(2013年)3月26日，LEX/DB 25511386。

疾年金制度等具有人文关怀色彩的制度，这些制度也体现了人类社会中人性的光辉，因此，结合日本社会的现状，对女性进行一定程度的保障是必需的，根据前述理论分析，如果要改变国民年金的第 3 号被保险人制度，为了保持制度的统一性以及学术理论上的统一性，健康保险制度等都需要修改。若只修改国民年金的第 3 号被保险人制度，反而是非常不合理的。

国民年金的第 3 号被保险人制度是根据日本的国情制定的制度，一定程度上维护了社会的安定，如果将此制度及健康保险制度的基本构想全面推翻的话，反而会引起社会的不安定。而且，现在日本学界也没有关于代替国民年金的第 3 号被保险人制度的方案。在没有好的代替方案的情况下，是否应该触动既得利益群体的利益，将直接对当事人的生活造成重大影响，笔者对此采取谨慎态度。

我国可借鉴日本国民年金的第 3 号被保险人制度及健康保险制度。日本的年金制度中的一个很重要的制度构想出发点就是，其制度设计是以家庭为纽带的。日本在明治维新时，其法律制度的制定大量借鉴了法国法和德国法，《日本民法》以法国法为基础制定了财产法部分，但是在《民法》的“家族法”部分，日本则保留了作为东方国家的社会传统，使日本社会极具家族凝聚力。日本在设计年金制度时，其目的是要怎样使一个社会的整体利益最大化，而不是只考虑个体的利益。我国也是一个典型的东方国家，我国在设计社会制度时，也应结合法律，考虑天理、人情。通过对日本年金制度的研究，我国在今后对社会保障制度进行补充的时候，也可以家庭为单位进行制度设计，使每个家庭都可以得到一定的社会保障，使鳏寡孤独有所依靠。而且，一个人对社会的贡献不仅仅体现在工作上，维持一个家庭、养育子女也是对社会的重要贡献。笔者认为，制度设计应该随时考虑如何使一个社会的整体利益最大化，这中间既需要考虑各方的实际需求，也需要考虑如何平衡各方之间的关系，确定合理的年金金额。我国有着5 000年的文明，有深厚的社会人文底蕴，再对国外法律制度加以借鉴，一定能够完善我国的社会保障制度。

第十节　国民年金的被保险人的资格获得

当相关人已满20周岁，在日本境内有住所，且不为厚生年金保险法中规定的老龄给付等的受给付权人，则其可以取得国民年金的第1号被保险人资格①。而如果满足《日本国民年金法》附则的第5条第1款第1项、第2项、第3项的相关条件，则可以作为任意被保险人②加入国民年金。

当相关人取得厚生年金的被保险人资格之日，其自然取得第2号被保险人的资格③。

当相关人称为第2号被保险人的配偶之日或其配偶成为厚生年金的被保险人之日，其取得第3号被保险人的资格④。但

① 参照《日本国民年金法》第8条第1项—第3项。

② 日语原文为：任意加入被保険者（にんいかにゅうひほけんしゃ）。

③ 参照《日本国民年金法》第8条第4项。

④ 参照《日本国民年金法》第8条第5项。

是，根据上述说明，第 3 号被保险人应为 20 周岁以上，如果前述日期早于相关人的 20 周岁生日，应以相关人 20 周岁生日的次日为相关人取得国民年金的第 3 号被保险人的日期。

第十一节　国民年金的被保险人的资格丧失

关于国民年金的第 1 号被保险人资格，如果相关人死亡或在日本境内失去住所，或者其年龄达到 60 周岁，或者其成为厚生年金保险法中规定的老龄给付等的受给付权人，则相关人将丧失作为国民年金的第 1 号被保险人的资格①。

国民年金的任意加入被保险人可以随时向日本厚生劳动大臣提交退出国民年金的申请②。当其申请被厚生劳动大臣受理之日，相关人丧失作为任意加入被保险人的资格③。

任意加入被保险人在其死亡之日的次日，或者在其满 65 周岁或取得厚生年金的被保险人资格时，或者其缴纳保险费的期间加上保险费被免除的期间的总月数达到 480 个月，相关人失去作为任意加入被保险人的资格。当然，如果任意加入被保险人不支付保险费超过两年，其也会丧失被保险人资格④。

① 参照《日本国民年金法》第 9 条。
② 参照《日本国民年金法附则》第 5 条第 5 款。
③ 参照《日本国民年金法附则》第 5 条第 6 款第 3 项。
④ 参照《日本国民年金法附则》第 5 条的相关内容。

关于国民年金的第2号被保险人资格，相关人在其死亡之日的次日或者在其丧失厚生年金的被保险人资格之日，丧失作为国民年金的第2号被保险人的资格①。

关于国民年金的第3号被保险人资格的丧失相对于第1号被保险人和第2号被保险人而言较为复杂，笔者将其资格丧失的相关情形整理如下②。

第一，相关人在其死亡之日的次日丧失作为国民年金的第3号被保险人的资格。

第二，相关人满65周岁之日丧失作为国民年金的第3号被保险人的资格。

第三，相关人不为第2号被保险人的配偶之日丧失作为国民年金的第3号被保险人的资格。

第四，相关人总年收达到130万日元以上之时丧失作为国民年金的第3号被保险人的资格。

第五，相关人自己成为国民年金的第2号被保险人之时丧失作为国民年金的第3号被保险人的资格。

第六，相关人的配偶失去作为国民年金的第2号被保险人的资格的时候，相关人也随即丧失作为国民年金的第3号被保险人的资格。

综上所述，相关人会因为各种事由而丧失作为日本国民年金的被保险人的资格。需要再次强调一下的是，日本国民年金的第1号被保险人制度、第2号被保险人制度、第3号被保险人

① 参照《日本国民年金法》第9条第1项、第5项。
② 参照《日本国民年金法》第9条第1项、第3项、第6项。

制度和任意加入被保险人制度不同。顾名思义，任意加入被保险人制度为“任意”，所以，相关人可以随意退出相关制度。但是根据京都地方法院的判例显示[①]，日本国民年金的第1号被保险人制度、第2号被保险人制度、第3号被保险人制度是强制的，不能以个人意志或者任何主观理由退出相应的制度，必须根据国民年金法履行相关义务，并且理应享受相关权利。

第十二节　国民年金的信息管理

日本是一个非常追求信息统一管理的国家，虽然日本各个地方也有一定的行政权，但是其为了行政上的效率及便捷，基础信息基本上都进行联网统一管理。而且，日本虽然国土面积中等，但是其经济规模巨大，而且人口也超过了1亿，国民年金涉及的内容又纷繁复杂，所以，近年日本对国民年金的信息管理做出了进一步的细化。

日本厚生劳动大臣会向相关被保险人制作国民年金手账并交付。相关人持有此国民年金手账进行年金的信息确认，而在需要进行年金受给付权的裁定或确认时，需要出示年金手账[②]。

在国民年金手账中附有基础年金号[③]。这个基础年金号是

① 参照日本京都地方裁判所判决，平成元年(1989年)6月23日，《判例时刻》第710号，第140页。

② 参照《日本国民年金法》第13条；《日本国民年金法附则》第7条。

③ 日语原文为：基礎年金番号（きそねんきんばんごう）。

为了使运营政府掌管的年金事业及其他相关事务更加便利而设置的号码[①]，可以通过基础年金号来确认相关被保险人的保险费支付情况及年金受给付情况。其主要作用是确认相关的信息及相关的记录变更情况。

日本之所以导入此基础年金号，是因为如果任职的公司发生变更，如果有一个统一适用的基础年金号，就不需要进行其他额外手续，而可以顺畅地延续国民年金的缴付。并且，如果需要进行记录整理，或者今后发生年金制度变更时，可以通过此基础年金号，迅速、及时且正确地将相关信息或相关法律变更告知国民。

在日本，上述基础年金号是非常重要的个人信息，未经相关人允许，不得将此基础年金号泄露，在《日本国民年金法》中规定了泄露相关年金个人信息的处罚条款。可见，此号码涉及了年金的所有重要信息，还有日本对于个人信息保护力度之强。《国民年金法》规定泄露年金个人信息的具体刑罚，严重者将被判处有期徒刑，这在世界各国中属于对个人年金信息保护较为严格的规定。

日本在近年推出了个人号码[②]（My Number），以求实现个人信息的全面统一。在年金业务中也构造新的个人信息管理体系[③]，同时使用基础年金号和新推出的个人号码。但是，在现阶段，由于并非所有日本国民都加入了个人号码体系，也就是说，

---

① 参照《日本国民年金法》第14条。

② 日语原文为：マイナンバー。

③ 日语原文为：個人番号管理システム（こじんばんごうかんりしすてむ）。

很多日本国民没有个人号码，因此，现在个人号码充其量只是起一个辅助作用，方便日本政府进行信息归纳。在日本，有很多学者反对推进个人号码的适用，今后日本的个人号码是否会被广泛适用，我们可以拭目以待。

结合我国的国情，我国拥有统一化管理的个人身份证号码制度。由于在中华人民共和国成立之初就考虑好了完善的制度，因此，相比日本等发达国家，我国其实在信息管理和信息处理方面有着得天独厚的优势。日本至今也没有一个类似我国身份证号码的个人信息号，日本国民往往用驾照，甚至学生证、工作证作为其证明身份的证件。

日本本想通过全面普及个人号码来达到个人信息管理的统一，但是，却遭遇了重重阻力。现在日本的信息管理还是通过各个不同的信息号进行运营管理。

在年金个人信息管理方面，我国有身份证号码制度，可以直接通过身份证号码来进行年金个人信息管理，当然也可以通过养老保险金的号码来进行信息管理。其实，笔者认为这两种管理方式并不矛盾，可以同时通过身份证号码和年金号来进行管理，这样既保证了管理的高效性，也可以一定程度上确保信息安全，不使所有年金信息都集中在一个号码中。通过两个号码进行个人身份确认，以保证每个人都能确认自己的年金信息，而依法履行自己的义务，了解自己应该享受的权利。

第六章

日本公有年金制度中的厚生年金保险法详解

第一节　厚生年金的适用事业所

适用《日本厚生年金保险法》的事业所（工作场所）被称为厚生年金的“适用事业所”[①]（在本书中直接采用日语汉字称谓，下同）。而在适用事业所工作的未满 70 岁的劳动者为日本厚生年金保险法规定的被保险人[②]。

在《日本厚生年金保险法》中之所以使用适用事业所这一具有宽泛含义的用语，是因为无论是公司，还是工厂或事务所，只要是在工作的场所，都可以适用厚生年金保险法[③]，也就是说，只要是具有一定的经营范围，持续、反复地进行事业运营的地方都可以适用事业所。而且，《厚生年金保险法》并不要求前述适用事业所一定要是法人，个人经营的事务所或者作坊也可以适用厚生年金。因此，适用事业所就包括了法人、个人经营、国家机关、地方团体等[④]，可以说，囊括了所有现代社会经营管理体系。

《厚生年金保险法》中的适用事业所分为：强制适用事业

---

① 日语原文为：適用事業所（てきようじぎょうしょ）。

② 参照《日本厚生年金保险法》第 9 条。

③ 参照《日本厚生年金保险法》第 6 条。

④ 参照《日本厚生年金保险法》第 6 条第 1 款第 2 项。

所[①]、任意包括适用事业所[②]、拟制任意适用事业所[③]，其具体内容会在下文中详细解析。

第二节 厚生年金的强制适用事业所

在日本，如果是国家、地方公共团体或是法人雇用正式员工的话，无论何种行业，无论员工人数为几人，都必须适用厚生年金保险法[④]，此所谓厚生年金的强制适用事业所。

与之相对应的是，即使是个人事业所，如为《厚生年金保险法》第 6 条第 1 款第 1 项所规定的行业，且正式员工为 5 人以上，也必须适用厚生年金保险法，此也谓厚生年金的强制适用事业所。《厚生年金保险法》第 6 条第 1 款第 1 项所规定的行业大致如下：

1. 制造加工业
2. 土木工程业
3. 矿物挖掘业
4. 电气动力及传导供给业

① 日语原文为：強制適用事業所（きょうせいてきようじぎょうしょ）。

② 日语原文为：任意包括適用事業所（にんいほうかつてきようじぎょうしょ）。

③ 日语原文为：擬制的任意適用事業所（ぎせいてきにんいてきようじぎょうしょ）。

④ 参照《日本厚生年金保险法》第 6 条第 1 款第 2 项。

5. 货物运输业

6. 物流装卸业

7. 燃烧、清扫、屠宰业

8. 销售配给业

9. 金融保险业

10. 保管租赁业

11. 传媒沟通业

12. 集资、引导、广告业

13. 教育研究调查业

14. 医疗业

15. 通信报道业

16. 福祉业、少年犯罪保护业

综上所述，如果非上述16种行业之内的个人事业所，将不强制适用《厚生年金保险法》。比较典型的就是律师事务所不强制适用《厚生年金保险法》，但是根据上述说明，如果律师事务所进行法人化[①]之后，则强制适用《厚生年金保险法》。如果仔细观察日本的律师行业，很多大规模律所都没有进行法人化，其中的一个原因正因为此。

如果正式员工的人数不满5人，就算属于上述16种行业，也不能强制适用厚生年金保险法。但是，不强制适用厚生年金保险法的事业所有可能成为后述任意包括适用事业所。

此外，关于行业的认定，其实很多时候界限并非十分明确。

① 在日语中被称为：弁護士法人（べんごしほうじん）。

如饮食店或者电影院肯定会从事销售业，那么，饮食店或者电影院是否属于上述16种行业则有争论。根据日本的判例[1]，应当对主要经营目的进行认定，饮食店和电影院的主要经营目的显然是提供饮食和观看电影的服务，销售只是其附带的经营目的，所以，应当认定饮食店和电影院不属于上述16种行业，从此判例中可以得知，判断何种行业时，应当判断主要经营目的是否属于上述16种行业。

上述“正式员工为5人以上”指的是：在正常经营状态时员工为5人以上(包括5人)。因此，即使在公司的经营过程中有一段时间员工人数不满5人，也应当强制适用《厚生年金保险法》。但是，这里的员工必须是正式员工，临时工不应算入员工总人数中去。

根据上述说明，可以得知《日本厚生年金保险法》的强制适用根据是否是国家、地方公共团体、法人的事业所以及行业类别以及个人事业所的正式员工为5人以上而进行区分。其实，日本作为一个发达国家，理应将厚生年金保险制度推广到每个公司，惠及每个员工，但是，日本在制定《厚生年金保险法》和《厚生年金保险法》附则时做出了上述十分细致地限定。

其一，地方公共团体和法人的事业所是国家重要的经济及行政支柱，所以，需要强制适用《厚生年金保险法》，以保证这些重要事业所工作状态的稳定。

其二，对于饮食店、电影院等员工变动(包括行业之内变动

---

① 参照日本神户地方裁判所尼崎支部判决，昭和61年(1986年)5月20日，《判例时报》第1206号，第93页。

及行业之外变动)极其频繁的行业来说,强制适用《厚生年金保险法》极其困难。

其三,如果对正式员工人数未满 5 人的个人事业经营者强制适用《厚生年金保险法》,强行让其负担保险费的话,会对其事业的经营产生巨大的影响,甚至可以导致其资金链完全断裂。

在世界其他国家也对小公司的相关年金制度的适用采取了宽容态度。笔者认为,日本作为一个发达国家,在社会保障层面还是应该尽可能地扩大厚生年金保险制度的适用范围。自从日本《厚生年金保险法》制定以来,多次对适用事业所的范围进行了扩大,因此,今后可以循序渐进地进一步扩大厚生年金保险制度的范围,以求真正达到"全民年金"的效果。

由于《厚生年金保险法》规定,强制适用事业所若符合规定的条件不必经过其他特别手续,理所当然地成为日本厚生年金制度的适用事业所。但是,在行政手续上,用人公司还是需要进行被保险人资格取得的申报[①]。如果没有进行申报,则该公司的员工不能成为厚生年金保险的被保险人,该公司也被称为未适用事业所[②]。此时,日本厚生劳动大臣会根据其职权对此类公司进行指导。其主要出发点为,该公司并没有尽到其在社会保障制度层面上应尽的责任,而为了维系日本的强制保险制度,并不容许公司随意不加入厚生年金保险,同时,也为了确保日本厚生年金保险制度的公正性及公平性以及日本国民对厚生年金保险制度的信赖,厚生劳动大臣会依据职权而对相关公司进行指导。

① 参照《日本厚生年金法》第 27 条。
② 日语原文为:未適用事業所(みてきようじぎょうしょ)。

从法律层面上来讲，厚生劳动大臣依据职权而对相关公司进行指导并没有明确的法律依据。也就是说，并没有任何法律条文规定厚生劳动大臣可以对未进行申报的事业所采取行政指导措施。但是，厚生年金的被保险人的资格获得在法律上具有明确依据，而且，厚生劳动大臣可以通过职权对于被保险人的资格进行相应的确认①。因此，厚生劳动大臣有进行资格确认的权利，如果只是对相关公司进行指导或者制度说明的话，在法律层面上来说，至少不能算是违法。但是，其行政指导究竟有多大的效果还存在很大的疑问，由于此行政指导不具有法律强制力，相关公司如不听从其指导，厚生劳动大臣应该采用何种方法还有待讨论。

第三节　厚生年金的任意包括适用事业所

非强制适用事业所如果受到日本厚生劳动大臣的认可，也可以成为厚生年金的适用事业所②。此类法人事业所或者个人事业所被称为任意包括适用事业所③。此类事业所中的员工也被称为任意包括被保险人④。

---

① 参照《日本厚生年金保险法》第 18 条第 2 款。

② 参照《日本厚生年金保险法》第 6 条。

③ 日语原文为：任意包括適用事業所（にんいほうかつてきようじぎょうしょ）。

④ 日语原文为：任意包括被保険者（にんいほうかつひほけんしゃ）。

但是，要成为任意包括适用事业所的话，不仅需要用人单位的申请以及厚生劳动大臣的认可，还需要员工的投票同意。这里需要说明的是，日本的厚生年金保险制度虽然是一种社会保障制度，也是对员工的一种福利，但是，厚生年金保险不是免费的，需要缴纳保险费，对于员工来说，至少在在职阶段会形成一定的负担。因此，有些员工很可能会因为主观或者客观的原因不想加入厚生年金保险，而且在日本"失去的十年"[①]的时候，年金财政的运营状况也不尽如人意，导致很多人更愿意完全依靠自己来维持自己年老后的生活。总而言之，很多日本年轻人或因现阶段手头不宽裕或因对日本年金制度怀有不信任感而选择不加入厚生年金保险。但是，无论法人事业所还是个人事业所，作为一个用人单位都是一个整体，只能将其所有员工归入或者不归入厚生年金保险，而不能进行分割。而且，从行政手续上来说，将一个用人单位作为一个整体统一加入或者不加入厚生年金保险制度，也有利于提高行政上的效率。

结合上述分析，日本的法人事业所或者个人事业所要想成为任意包括适用事业所的话，需要经过员工的投票，得到半数员工以上[②]同意，用人单位才可以向厚生劳动大臣申请成为任意包括适用事业所[③]。根据之前的论述，之所以需要员工的同意，是因为如加入厚生年金保险，则会产生负担保险费等义务。如该法人事业所或者个人事业所被日本厚生劳动大臣认可的话，则其

① 指的是日本平成年代初期(20 世纪 90 年代)的经济增长停滞。
② 这里使用的是"以上"这一表述，自然包含本数。
③ 参照《日本厚生年金保险法》第 6 条第 4 款。

全体员工会成为厚生年金保险制度的被保险人[①]，即使是当时投反对票的员工也需履行相关的义务，也可享受相应的权利。

与此相对应的是，如果任意包括适用事业所的是业主，获得日本厚生劳动大臣的认可，也可以申请取消其作为适用事业所的资格。与取得任意包括适用事业所的资格不同，若想退出任意包括适用事业所制度的话，必须得到所有员工 3/4 以上的同意。这里可以看出，退出任意包括适用事业所制度的条件要比加入任意包括适用事业所制度的条件更为严格。这是因为，当用人单位作为一个整体加入厚生年金保险制度之后，所有员工对于今后享受社会保障制度都有了期待利益，所有人肯定会对自己年老后的经济状况有一个提前的规划，如果此时用人单位突然表示要退出厚生年金保险制度的话，员工的预期及计划会被打乱，会承受极大的负面收益。正因为如此，所以，才需要通过所有员工 3/4 以上的同意这一严格的条件来加以限制。

上述论述都是基于法律规定，而在实务中，很多情况下会掺杂很多人为因素。比如，在员工进行投票时，投票选项应该只有同意和不同意，但是，有些日本公司会在同意和不同意这两个选项之后再加上一个“听从大多数意见”这一选项，以强行控制投票结果。甚至公司人事部的管理层会一再地通过电话或者电子邮件要求员工按照公司的意思投票，或者通过人事评价等方面给员工施加压力。笔者认为，首先在员工投票时必须保证一个可以根据自己真实意思投票的环境，不仅需要无记名投票制度，

① 参照《日本厚生年金保险法》第 13 条。

随着科技的发展，在各个投票领域导入电子投票制度是非常必要的。通过电子投票制度，不仅可以真实表达投票者的意愿，更能将投票过程及结果及时记录下来，如在投票过程中有突发状况或违规行为，随时可以进行证据保存。此外，关于投票选项的设计，应当只有对于投票内容赞成或者不赞成的选项，而不应该出现“听从大多数意见”这一如此暧昧的选项，如有前述选项，很可能造成由少数人控制投票结果的情况。因此，为了反映投票者的真实意思，无论在年金领域还是在其他领域，笔者认为，建立能够随时确认投票细节的电子投票制度将是今后的趋势。

第四节　厚生年金的拟制任意适用事业所

如原本为强制适用事业所，若其相关条件发生变更而不满足强制适用事业所条件的话，其可被认为获得作为任意包括适用事业所的认可①。此类事业所被称为拟制任意适用事业所②。

上述关于日本厚生年金制度中的拟制任意适用事业所的说明很绕口，其实可以用具体事例来表述。如果本来作为强制适用事业所的个人事业所拥有 5 位员工，若有 1 位员工离职的话，就只剩下 4 位员工，则不符合强制适用事业所的条件，此时，此

① 参照《日本厚生年金保险法》第 7 条。
② 日语原文为：擬制的任意適用事業所（ぎせいてきにんいてきようじぎょうしょ）。

个人事业所会自动成为拟制任意适用事业所。

之所以在日本厚生年金保险制度中会有拟制任意适用事业所这一制度，是因为成为强制适用事业所是不需要申请的，如果个人事业所发生上述公司员工变更的情况，若没有拟制任意适用事业所这一制度，则会导致相关的个人事业所被排除在强制适用事业所制度之外，而且还没有进行任何申请，其员工会自动被取消作为厚生年金保险制度的被保险人的资格。因此，为了防止此种情况的发生，设立了拟制任意适用事业所制度，其本质是为了保持厚生年金保险制度的一致性及免去相关事业所再次进行成为任意包括适用事业所的申请。

但是，拟制任意适用事业所和强制适用事业所还是不同的，最主要的区别在于其可以退出厚生年金保险制度，如果经过员工同意，提出申请，并得到日本厚生劳动大臣的认可的话，拟制任意适用事业所可以申请退出厚生年金保险制度。关于员工同意的相关条件与上节叙述的任意包括适用事业所退出厚生年金保险制度时的员工同意条件完全相同。

第五节　厚生年金的统一适用事业所[①]

之前所谓的事业所是指个别的公司、事务所或者工厂，而不

① 日语原文为：一括適用事業所（いっかつてきようじぎょうしょ）。

是指法人事业所或者个人事业所的整体。因此，如果同一个法人事业所或者个人事业所拥有多个工作场所，也就是说，拥有多个事业所的话，其旗下的所有的事业所都可能会成为日本厚生年金保险制度的适用事业所。但是，并非其旗下所有的工作场所都会成为独立的厚生年金保险单位，是否能独立接受年金行政指导还要取决于该工作场所是否进行独立的人事管理及综合考虑其他因素。

对于法人事业所或者个人事业所旗下的工作场所是否能被看作一个独立的单位需要综合考量，因此，为了行政上的便捷，用人单位也可以向厚生劳动大臣申请将其旗下所有的事业所合并为一个适用事业所①。也就是说，用人单位可以将其旗下的所有公司、事务所或者工厂统一适用厚生年金保险制度，进行统一管理。

由于上述制度可以被看作所有事业所统一适用厚生年金保险制度，因此，此类事业所被称为统一适用事业所。当然，之所以可以将所有事业所统一起来，是因为这些事业所都是同一个法人事业所或者个人事业所旗下的，归属于不同法人的事业所是不能将其统一起来的。根据上述说明，如将所有事业所统一起来，这些事业所会成为统一适用事业所，其单个事业所将会失去厚生年金保险制度的适用事业所的名义②。

关于如何对统一适用事业所的申请进行认定，需要得到日本厚生劳动大臣的承认，这里自然不是得到日本厚生劳动大臣个人的承认，而是其作为一个政府机关对相关法人事业所或者

① 参照《日本厚生年金保险法》第8条之2第1款。
② 参照《日本厚生年金保险法》第8条之2第2款。

个人事业所能否整合为统一适用事业所进行综合判断。

日本厚生劳动大臣的主要判断依据如下：该用人单位的人事、劳务、工资计算等方面的管理是否规范；是否有能力将其所有事业所的人事、劳务、工资计算等业务进行统一管理；如果承认其为统一适用事业所是否会对日本厚生年金事业的运营产生障碍等[①]。

笔者认为，上述日本厚生劳动大臣对于统一适用事业所的判断依据极不明确，可以说主要通过认为裁定来进行判断，与其说通过对于年金业务适应性来进行判断，还不如说是通过对于该用人单位的社会评价及总体信用度来进行考量。当然，评价一个用人单位是否能成为厚生年金保险制度的统一适用事业所，这本来就很难按照客观数据进行精确分析，肯定先要通过对资料进行审核，然后，政府工作人员再对其进行综合评价。但是，笔者认为，如果相关标准过于不明确化的话，也会给申请人造成不必要的负担，因此，可以通过实际的审核过程慢慢整理出一套相对确定的标准，然后进行行政公开，也就是说，处理好客观审核标准和人为审核之间的平衡是非常重要的。

第六节　厚生年金的被保险人资格

上述所有厚生年金的适用事业所中未满 70 岁（不包含 70

① 参照日本年管管发 0907 第 1 号文件，平成 24 年(2012 年)9 月 7 日。

岁)的员工(事业所的被使用人)都为厚生年金的被保险人[①]。

根据日本第二次世界大战之前的民法等相关法律的规定,行为人行为能力如存在问题,则包括年金保险在内的各个领域都会受到相应的限制。此外,根据性别、国籍的不同(主要指是否具有日本国籍),相关人在年金保险等各方面都会受到一定程度的差别对待。随着日本二战后立法活动的进行,废除了上述不公平的规定。因此,虽然《日本厚生年金保险法》也会受到《日本劳动基准法》等限制,但是原则上只要厚生年金保险的适用事业所中雇用了未满 70 岁的员工,理所当然可以在法律上取得厚生年金的被保险人资格,这和劳动者和用人单位的意思表示无关[②]。

之所以日本厚生年金保险法中将厚生年金的被保险人的年龄定为未满 70 岁,是因为这里的被保险人是指在缴纳保险费而还未获得年金受给付权的员工,如果将《厚生年金保险法》被保险人的适用年龄规定为超过 70 岁的话,很可能有些人虽缴纳了保险费,但可能其一生都无法获得厚生年金的给付。日本虽然是一个很长寿的国家,根据日本经济新闻的统计,近年日本女性的平均寿命达到了 87. 14 岁,日本男性的平均寿命达到了 80. 98 岁,但是,也有很多人会在 70 岁之前离开人世,而且日本作为一个传统的东方国家,也有“古稀”(70 岁)这一概念,作为年满 70 岁的老人,比起作为员工获得厚生年金的被保险人资

① 参照《日本厚生年金保险法》第 9 条。

② 参照日本东京高等裁判所判决,昭和 54 年(1979 年)6 月 13 日,《判例时报》第 945 号,第 136 页。

格，更应该作为厚生年金的受给付权人而享受其一生的劳动回报。

上文中提到的事业所的被使用人是指和事业所有劳动关系的员工，这里劳动关系具有宽泛的含义，只要向厚生年金的适用事业所提供一定的劳务，并接受一定的报酬，都可以被称为事业所的被使用人①。

上述问题在劳动法层面也有很多的争论。关于劳动关系中使用和被使用的关系，也就是雇佣关系的有无，不能只根据有无劳动合同来判断②，应该结合有无实际劳动状态来进行综合判断③。

结合上述法律条文及判例，笔者认为，判断有无劳动雇佣关系的关键其实就在于有无实际上真正提供劳务并获得报酬。也就是说，即使没有劳动合同，只要有实际上的劳务提供及报酬获得这一关系的存在，就可以认定其实际存在劳动雇佣关系。即使存在形式上的劳动合同，如果该劳动合同中的雇员没有真正提供劳务的话，也不能认定其存在劳动雇佣关系。当然在有些地方，劳动报酬可能不完全以金钱的形式进行支付，可能以其他形式支付或者以金钱加其他形式进行支付，只要实际具有对等的劳务提供、报酬获得以及有一定的实际人事管理关系，就可以

---

① 参照日本福冈高等裁判所判决，昭和61年(1986年)2月13日，《判例时报》第1189号，第160页。

② 参照《日本劳动合同法》第3条；《日本劳动基准法》第13条；《日本民法》第623条。

③ 参照日本名古屋地方裁判所判决，昭和60年(1985年)9月4日，《判例时报》第1176号，第79页。

将雇主与雇员的关系综合判断为具有劳动雇佣关系。

在日本也经常发生劳动争议案件，也会出现厚生年金保险法中被保险人的争论。如果此类劳动争议案件能够快速解决的话，可能厚生年金被保险人的问题会迅速得到解决。但是，在日本劳动争议案件往往会推延很长的时间，此时的厚生年金保险法中的被保险人的资格认定问题会变得非常复杂。

简而言之，笔者认为，还是应当通过有无实际劳动雇佣关系来进行综合判断。首先，在劳动争议期间内，如果雇员没有提供劳务，则这一期间应当认定为不具有劳动雇佣关系。即使日后通过劳动争议的解决，雇员重新开始向雇主提供了劳务，之前劳动争议的这一段期间也应当被认定为暂时性地失去厚生年金被保险人资格。当然很多学者会对此进行学术批判，认为此观点缺乏对劳动者的保护，等等。但是，笔者还是认为，如果认为劳动者在劳动争议期间内不丧失厚生年金被保险人资格的话，反而会使劳动者失去获得日本雇用保险的机会，这恰恰不是对劳动者的保护，反而会使劳动者承受事实上的损失。对于有些劳动者，即使法律上的劳动雇佣关系存在，如其长时间不在工作场所上班或者其拒绝履行应履行的劳动义务，应当认定其劳动雇佣关系在事实上已经不存在，应判断其丧失厚生年金保险被保险人资格①。

关于劳动争议期间的厚生年金保险问题，需要进一步讨论的是，如果劳动者通过劳动仲裁或调解与用人单位达成协议而继续互相履行劳动合同的话，劳动者是否能够对于劳动争议期

① 参照日本仙台高等裁判所判决，平成4年(1992年)12月22日，《判例时刻》第809号，第195页。

间损失的厚生年金（支付厚生年金保险费，而可面向将来获得受给付的期待利益）向用人单位进行索赔，这在日本理论界及实务界产生了争议。笔者还是认为，无论何种原因发生劳动争议，在劳动争议期间，劳动者还是没有提供其应当提供的劳务。因此，这段时间劳动者应当暂时丧失厚生年金被保险人的资格。即使是公司非法解雇或者公司为完全过错方，但是劳动雇佣的法律关系和基于厚生年金保险法的关于厚生年金被保险人的法律关系是两个不同的法律关系。劳动者如要求赔偿，也应该基于劳动法向公司进行索赔，以解决其与公司之间的劳动争端，而不应该将劳动法律关系和厚生年金保险法律关系混为一谈。况且，劳动者即使之后和用人单位继续履行劳动合同，其在劳动争议期间内也无法预见之后会恢复劳动关系，因此，在发生劳动争议的那一刻起，劳动者和用人单位已经实际上脱离劳动雇佣关系，如劳动者向用人单位请求赔偿劳动争议期间的厚生年金（前述期待利益）是不合理的①。

此外，关于厚生年金被保险人资格还有一些判例值得深入研究。日本由于现在整体社会年龄结构陷入少子高龄化的状态，会鼓励女性员工休产假，甚至可以在家带几年孩子之后再到公司复职。这一制度初衷虽好，但在实务处理上也会遇到问题，很多公司会强行让女性员工休息几年，这几年中也不支付工资，等公司需要人手而女性员工又可以全天工作时，双方再继续履行劳动关系。这种情况下，只要公司和员工之间还保持着劳动

① 参照日本东京地方裁判所判决，平成13年（2001年）7月13日，《劳动判例》第811号，第87页。

合同，双方在实质上还有继续合作的意向，就可以认定员工继续享有厚生年金被保险人的资格[①]。如果是在工厂工作的员工因为工厂的原因（如停产、停业等）而长期在家的，也应当被认为具有厚生年金被保险人资格。大学生在进入公司前的培训期间，也可以认为其具有厚生年金被保险人资格。

综上所述，上述被使用人这一概念其实并没有明确的定义，当然，现代社会的劳动关系纷繁复杂而又不断变化，很难事先明确对某一劳动环境下的被使用人进行定义，只能结合实际情况，对相关劳动形态进行客观地评价。虽说对使用人和被使用人的劳动雇佣关系很难明确定义，但是作为学术研究，还是应该归纳总结各种情况，从中得出一个大致的规律。最后需要说明的是，本节研究的是厚生年金保险法律关系中的使用人和被使用人，与传统领域的劳动法律关系还有所不同，讨论时应当结合厚生年金保险法的特点及立法背景。

第七节　厚生年金的被保险人类别

日本厚生年金保险的被保险人分类主要有厚生年金的当然被保险人[②]、厚生年金的任意单独被保险人[③]、厚生年金的高龄

① 参照日本福冈地方裁判所小仓支部判决，昭和49年（1974年）11月28日，《判例时报》第771号，第89页。

② 日语原文为：当然被保険者（とうぜんひほけんしゃ）。

③ 日语原文为：任意単独被保険者（にんいたんどくひほけんしゃ）。

任意加入被保险人[1]这三种类别。主要根据加入厚生年金保险时的状态而有所区分。根据被保险人的不同分类，其加入厚生年金的手续以及缴纳的保险费也有所不同。

如果是日本厚生年金的适用事业所，其员工在法律上自然成为厚生年金被保险人，不需要特别认可以及意思表示[2]。此类被保险人被称为厚生年金的当然被保险人。

如果是前述日本厚生年金的适用事业所以外的未满 70 岁的员工，在获得日本厚生劳动大臣的认可之后，就可以成为厚生年金的被保险人[3]。此类被保险人被称为厚生年金的任意单独被保险人。此外，由于作为任意单独被保险人加入厚生年金保险制度，用人单位需要负担一半的保险费，因此，加入厚生年金保险制度前必须得到用人单位的同意[4]。这里的作为任意单独被保险人加入厚生年金保险制度和前面提到的作为任意包括适用事业所加入厚生年金保险制度十分相似。其主要区别为，任意单独被保险人是作为个人加入厚生年金保险制度，也就是说，只有相关人一人加入厚生年金保险制度，而任意包括适用事业所是作为一个整体，也就是说，事业所的所有员工都加入厚生年金保险制度。

原先日本的女性员工是无法加入年金保险制度的，任意单

① 日语原文为：高齢任意加入被保険者（こうれいにんいかにゅうひほけんしゃ）。

② 参照日本东京高等裁判所判决，昭和 54 年（1979 年）6 月 13 日，《判例时报》第 945 号，第 136 页。

③ 参照《日本厚生年金保险法》第 10 条第 1 款。

④ 参照《日本厚生年金保险法》第 10 条第 2 款。

独被保险人这一制度正是为了能让女性员工享受年金保险待遇而设立的[①]。但是,之后,日本所有国民都可以加入日本的国民年金,所有日本国民至少有了国民年金的基本保障,因此,依照日本现行的社会保障法律体系,上述人员单独被保险人这一制度的意义其实已经不大,主要是保留原有制度的象征意义。更何况,作为任意单独被保险人加入厚生年金保险制度,需要用人单位缴纳一半的保险费,用人单位为了避免麻烦,往往会和员工达成一定的妥协,这也是任意单独被保险人制度在实务上运用不多的原因之一。

根据之前的论述,《日本厚生年金保险法》原则上不允许 70 岁以上的人成为被保险人[②]。但是,为了满足部分老龄员工的需要,厚生年金保险法附则中规定:如果厚生年金的适用事业所的 70 岁以上的员工不拥有老龄厚生年金、老龄基础年金等受给付权的话,可以向相关机关申请成为厚生年金的被保险人[③]。此类被保险人被称为厚生年金的高龄任意加入被保险人。如果是厚生年金的适用事业所以外事业所的 70 岁以上的员工的话,需要获得日本厚生劳动大臣的认可之后,才可以作为高龄任意加入被保险人加入厚生年金保险制度[④]。但是,此制度本身就是为了满足部分老龄员工的个别需要,作为高龄任意加入被保险人加入,员工需要全额负担保险费。当然,用人单位也可以基于员工长年的劳动成果而同意负担一半的保险费,但是,从法理

① 花泽武夫:《劳动者年金保险法解说》(全),健康保险医报社 2006 年版。
② 参照《日本厚生年金保险法》第 9 条。
③ 参照《日本厚生年金保险法附则》第 4 条之 3、第 4 条之 4。
④ 参照《日本厚生年金保险法附则》第 4 条之 5。

上来说，这充其量是用人单位对老龄员工的善意而不是用人单位的义务，基于善意做出的保险费缴纳的承诺如果永远无法变更的话，对用人单位的负担未免过大，而且也会对用人单位造成无形的心理压力，而使其不再对老龄员工做出负担一半厚生年金保险费的承诺，这对老龄员工也是不利的。因此，用人单位做出负担一半厚生年金保险费的承诺后，可以撤回此承诺，但是，只能面向将来撤回承诺而不能面向过去[①]。

此外，厚生年金的被保险人也可以按照职业被分为以下四种。

第一，第 1 号厚生年金被保险人。此为除去其他各类厚生年金被保险人之外的被保险人的总称，被称为一般厚生年金被保险人[②]。

第二，第 2 号厚生年金被保险人。此为国家共济厚生年金被保险人[③]的总称。

第三，第 3 号厚生年金被保险人。此为地方共济厚生年金被保险人[④]的总称。

第四，第 4 号厚生年金被保险人。此为私学共济厚生年金被保险人[⑤]的总称。

① 参照《日本厚生年金保险法附则》第 4 条之 3 第 7 款、第 8 款。
② 日语原文为：一般厚年（いっぱんこうねん）。
③ 日语原文为：国共済厚年（こくきょうさいこうねん）。
④ 日语原文为：地共済厚年（ちきょうさいこうねん）。
⑤ 日语原文为：私学共済厚年（しがくきょうさいこうねん）。

第八节　厚生年金的适用除外人员[①]

厚生年金的适用除外人员指的是，即使是厚生年金的适用事业所的员工，也会因为某种原因而被排除出厚生年金保险制度，无法成为厚生年金的被保险人[②]。这里主要包括临时工以及提前定好劳动期限的短期劳动者。

关于临时工不能加入厚生年金保险的情形，在《日本厚生年金保险法》第12条中做出了明确的规定及限制。主要分为以下几种情况。

首先，作为厚生年金的适用除外人员的临时工只能是按日雇用的临时工或者雇用期间被定为两个月之内的临时工。而且，根据《日本厚生年金保险法》第12条的规定，对于上述临时工在何种情况下可以成为厚生年金的被保险人也做出了明确规定。按日雇用的临时工如果连续在用人单位工作超过一个月，则该临时工可以成为厚生年金的被保险人。如果雇用期间被定为两个月之内的临时工在完成规定的工作之后，用人单位与其延长工作期间的话，该临时工可以成为厚生年金的被保险人。这里需要注意的是，之前关于雇用期间的表述为两个月之内，因此，如果临时工的雇用期间为5日，只要用人单位表述延长工作

① 日语原文为：適用除外者（てきようじょがいしゃ）。
② 参照平成26年(2014年)1月17日日本年管管发0117第1号。

期间，该临时工在第6日起可以成为厚生年金的被保险人。或者，用人单位与临时工的雇用期间一开始为70日（已超过2个月）的话，该临时工可以直接成为厚生年金的被保险人。

其次，无固定工作场所的事业所雇用的临时工无法成为厚生年金的被保险人。这是因为成为厚生年金的被保险人需要一定的行政手续，结合无固定工作场所和临时工这两个要素，无法对该临时工的加入厚生年金保险制度的手续进行管理，所以，该临时工为厚生年金的适用除外人员。

再次，从事季节性质工作的临时工无法成为厚生年金的被保险人。这里的季节性质工作的雇用期间有着明确的日期规定，必须在4个月以内。也就是说，即使是季节性质的工作，一旦雇用期间超过4个月，该临时工也可以成为厚生年金的被保险人。这条规定可以理解为前述规定的特别规定。由于季节性质的工作不具有长期性及连续性，所以，如果本来约定的雇用期间为4个月，就算因天气原因发生工期延长等情况（如某年夏天或冬天特别长），从事季节性质工作的临时工也仍然为厚生年金的适用除外人员。

最后，从事与上述季节性质工作相类似的具有临时性质的工作（如临时展会等）的临时工也不能成为厚生年金的被保险人。其理由还是临时性工作不具有长期性及连续性，从事该工作的临时工如加入厚生年金保险，反而会使厚生年金保险制度管理变得混乱，使行政效率下降。但是，此临时性工作与季节性质工作不同，其有转变为长期工作的可能性，因此，如果临时工从事此类工作超过6个月，则该临时工可以加入厚生年金保险制度。

上述规定都是《日本厚生年金保险法》第 12 条第 1 项至第 4 项的明确规定。直接在立法上做此规定，是否会侵害临时工应获得的权益，这在日本理论界有着很大的争议。笔者认为，临时性工作因为缺乏长期性和延续性，如果所有临时工都可以加入厚生年金保险的话，从法经济学角度上来看，无论是对临时工还是对社会整体来说都不会带来正面利益。首先，如果将从事片段性、临时性工作的员工全部纳入厚生年金保险范围，会使制度管理及保险费计算的人力成本大幅增加，这些人力成本归根结底还是要整个社会来负担，还是要通过所有国民的税金来负担，在制度设计时应当考虑到这些因素。其次，对临时工来说，其从事的是间断性的工作，如果让其加入厚生年金保险会导致该临时工需要不断反复地进行相关手续，本来该临时工在通过一定的工作期间可以获得的厚生年金金额就不高，如果一再增加其人力负担，反而会给其生活造成不便。因此，在进行社会整体的综合考量之后，立法上做出如此规定还是具有一定合理性的。

但是，《日本厚生年金保险法》第 12 条第 1 项至第 4 项关于雇用期间的规定还具有很大的商榷余地，特别是将约定雇用期间为两个月之内的临时工定义为厚生年金的适用除外人员这一条款缺乏充足的理论依据。

很多用人单位会依据上述条款，将临时工的劳动合同拆分为各两个月，以逃避负担厚生年金的保险费，这显然是用人单位对相关法律条款的恶意利用。关于是否是临时性的工作很难提前定义，但是，只要社会大众认为该工作在实质上应为长期性的工作，就可以认定为该员工从事的不是临时性的工作，而是长期、稳定的工作，该员工自然可以成为厚生年金的被保险人[①]。此外，如果用人单位不合理地规定了试用期，该试用期也应当算入约定工作期间。

本节中虽然用了“临时工”这个词，但是这里的“临时工”主要指非长期劳动合同员工，并非指其工作性质一定是临时性的。关于无固定工作场所的事业所雇用的临时工、从事季节性质工作的临时工、从事具有临时性质工作的临时工，他们会根据雇主的需要而不断变换工作岗位及工作性质。该类临时工如要加入厚生年金保险制度，不仅需要保证工作内容的长期性、稳定性，还要保证每月工作 17 天以上[②]，才可成为厚生年金的被保险人。

在 2016 年之前具有打工性质的非正式员工[③]是无法加入厚生年金保险的。但是，自从 2016 年(平成 28 年)10 月 1 日《日本厚生年金保险法》修改之后，新增加了《厚生年金保险法》第 12 条第 5 项，非正式员工也可以加入厚生年金保险。此规定标志着日本在社会保障制度层面上对非正式员工重视度的提高。

日本学生从初中、高中开始就会去一些餐厅或者便利店打工，日本的餐厅或者便利店的员工绝大多数都来自打工人群，因

① 参照日本东京高等裁判所判决，昭和 54 年(1979 年)6 月 13 日，《判例时报》第 945 号，第 136 页。

② 参照日本东京地方裁判所判决，平成 28 年(2016 年)6 月 17 日，LEX/DB 25543046。

③ 相当于日语中的“パート”以及“アルバイト”。

此，作为非正式员工在日本打工的数量极其庞大，厚生年金保险需要吸纳的应该是那些确实有实际需求的人群，因此，日本年金机能强化法附则中做出了详细的规定。

非正式员工如果有以下情形则不能加入厚生年金保险。

1. 非正式员工 1 周的劳动时间未满该用人单位其他正式员工的劳动时间的 3/4。

2. 非正式员工 1 个月的劳动时间未满该用人单位其他正式员工的劳动时间的 3/4。

3. 非正式员工 1 周的劳动时间不满 20 个小时。

4. 非正式员工无法或者不太可能在该用人单位连续工作 1 年以上。

5. 非正式员工的月薪不满 88 000 日元(约 5 000 元人民币)。

6. 非正式员工为高中生、大学生等学生。但是，休学人员可以加入厚生年金保险制度。

根据上述各相关规定，非正式员工如果不是高中生、大学生的话，只要其在用人单位连续工作 1 年以上，每周劳动时间达到正式员工劳动时间的 3/4 以上(大致为 1 周工作 30 个小时以上)的话，该非正式员工就可以成为日本厚生年金的被保险人。因为只要每周劳动时间达到正式员工劳动时间的 3/4 以上，如果没有极其特别的情况，工资肯定超过 88 000 日元，1 周的劳动时间也肯定超过 20 个小时。因此，非正式员工的每周劳动时间达到正式员工的劳动时间的 3/4 以上是上述规定的特点。

所谓劳动时间是指员工为用人单位实际提供劳动服务的时

间，应当除去休息时间等。根据日本的判例，即使员工休息时间需要接电话，也应当只将接电话的时间算入劳动时间，其他休息时间仍然应当从劳动时间中扣除①。

之所以将1周的劳动时间不满20个小时、无法或者不太可能在该用人单位联系工作1年以上、月薪不满88 000日元、高中生、大学生等非正式员工排除日本厚生年金保险体系之外，是因为在日本餐厅或者便利店等用人单位往往会雇用很多非正式员工，有些员工可能一周只出勤一天，如果将此类非正式员工全部归入厚生年金保险体系的话，对企业的负担未免太重。而且，此类非正式员工并不依靠这份工作来维持其生活，多为家庭主妇利用空余时间来工作或者学生利用课余时间来勤工俭学，如果将其全部纳入厚生年金保险体系的话，反而与社会保障体系的理念相冲突，对需要依靠工作收入来维持生活的人来说也是不太公平的。因此，对短时间劳动的非正式员工加入厚生年金保险制度进行了限制②。

此外，1周的劳动时间未满该用人单位其他正式员工的劳动时间的3/4的非正式员工虽然原则上不可以成为厚生年金的被保险人③，但是，也有例外规定。如果满足下列所有条件，其可以加入厚生年金保险体系。

1. 该员工1周的劳动时间为20个小时以上(包括20个

① 参照日本京都地方裁判所判决，平成11年(1999年)9月30日，《判例时报》第1715号，第51页。

② 冈部史哉：《关于短时间劳动者的社会保险适用的讨论及今后的课题》，载《社会保障法研究》2014年第4号。

③ 参照《日本年金机能强化法附则》第17条第1款。

小时)。

2. 该员工在用人单位连续工作1年以上。

3. 该员工的月薪为88 000日元以上(包括88 000日元)(约5 000元人民币)。

4. 该员工不是学生。

5. 该员工在特定适用事业所[①]工作。

上述特定适用事业所指的是,拥有员工数超过500人的大型厚生年金的适用事业所。此类用人单位因为规模较大,有一定的社会信用度,所以,即使该用人单位的员工一周工作时间较短,也可以通过劳资双方的合意而使其非正式员工成为厚生年金的被保险人。

此外,日本在2017年又通过新的立法,对相关标准作出一定的变通。通过2017年持续可能性向上法[②]的施行,进一步对短时间劳动的非正式员工加入厚生年金保险制度设置了一条途径。

第九节 厚生年金的被保险人资格的取得

厚生年金的被保险人资格的取得在《日本厚生年金保险法》

---

① 日语原文为:特定適用事業所(とくていてきようじぎょうしょ)。

② 日语原文为:公的年金制度の持続可能性の向上を図るための国民年金法等の一部を改正する法律(こうてきねんきんせいどのじぞくかのうせいのこうじょうをはかるためのこくみんねんきんほうとうのいちぶをかいせいするほうりつ)。

中有明确的规定，如果满足下列四种情况的话，即可取得厚生年金的被保险人资格[①]。

第一，被厚生年金的适用事业所雇用。

第二，相关人员所在的用人单位成为厚生年金的适用事业所或者任意包括适用事业所。

第三，其不是厚生年金的适用除外人员时。

第四，厚生年金的任意单独被保险人被日本厚生劳动大臣所认可时。

上述关于厚生年金被保险人资格取得的各项中最重要，也是实际运用最广泛的就是第一项，被厚生年金的适用事业所雇用。这里的雇用具有很宽泛的含义，即劳动者和用人单位签订劳动合同时，或者虽未签订劳动合同但有提供劳务的事实。因此，劳动者只要与厚生年金的适用事业所签订劳动合同，或者在厚生年金的适用事业所实际工作一段时间，即可在开始提供劳务之日（可追溯）取得厚生年金的被保险人资格。

此外，由于厚生年金的被保险人资格及保险费是按月来计算的，所以，即使劳动者是从月中开始工作的，甚至只在那个月工作了一天，也可以从那个月取得厚生年金的被保险人资格。与此相应的是，劳动者及用人单位需全额支付该月的厚生年金的保险费。

在《日本厚生年金保险法》上虽然有关于取得被保险人资格的备案的规定[②]，但是，厚生年金的被保险人资格是基于法律发

① 参照《日本厚生年金保险法》第13条。
② 参照《日本厚生年金保险法》第27条。

生，而不是依据备案发生的，更何况，从法律理论上来说，备案只是一个事实的确认过程，而并非是创造事实的行为，因此，即使相关人员延后备案，其也可以追溯到实际开始提供劳务之日取得厚生年金的被保险人资格。当然，根据前述说明，保险费也必须追溯到实际开始提供劳务之日进行补缴[①]。

第十节　厚生年金的被保险人资格的丧失

厚生年金的被保险人资格的丧失在《日本厚生年金保险法》中也有明确的规定[②]，按不同情形主要可以分为两大类，第一大类的情形如下：

第一，厚生年金的被保险人死亡之时。

第二，厚生年金的被保险人与厚生年金的适用事业所脱离工作关系时。

第三，厚生年金的被保险人如原本在厚生年金的适用事业所工作，当该事业所不为厚生年金的适用事业所时。

第四，申请取消任意包括适用事业所而被日本厚生劳动大臣认可时。

第五，申请取消任意单独被保险人资格而被日本厚生劳动

---

① 参照日本东京地方裁判所判决，平成 17 年(2005 年)10 月 27 日，《劳动判例》第 907 号，第 84 页。

② 参照《日本厚生年金保险法》第 14 条。

大臣认可时。

第六,厚生年金的被保险人成为厚生年金的适用除外人员时。

上述六种情形发生的次日开始,相关人员丧失厚生年金的被保险人资格。

第二大类的情形如下:

第一,厚生年金的被保险人年满 70 岁时。

第二,当上述第一大类的情形发生之日,再次发生取得厚生年金的被保险人的事由时。

上述两种情况的发生之日,相关人员丧失厚生年金的被保险人资格。

上述两大类的规定虽然看上去十分复杂,但是蕴含着严谨的逻辑。首先关于第一大类,主要是关于厚生年金的被保险人的劳动关系的叙述。在实务中可能出现短暂离职或者中断工作关系的情形,但是,只要不是劳动者和用人单位在实质上完全解除劳动关系,其将继续保有厚生年金的被保险人资格①。

关于第二大类中第二项的叙述是指,如果相关人员从一家厚生年金的适用事业所转职去另一家适用事业所时,本来根据第一大类中的规定,该相关人员应该在离职的次日丧失厚生年金的被保险人资格,但是,如果该相关人员于离职的次日直接入职另一家厚生年金的适用事业所的话,上述规定就

① 参照日本仙台高等裁判所判决,平成 4 年(1992 年)12 月 22 日,《判例时刻》第 809 号,第 195 页。

会造成不合理之处。因为在次日入职另一家厚生年金的适用事业所时，厚生年金的被保险人的取得事由和丧失事由就会在同一天发生，如此则会造成法律逻辑上的相互矛盾。因此，第二大类中第二项的规定实际上是对第一大类中的规定的变通。如发生前述情形，以相关人员的离职当日为丧失厚生年金的被保险人资格之日，次日入职之日起又再次取得厚生年金的被保险人资格，如此则可以保持法律逻辑及实务操作上的统一性及便利性。

第十一节　厚生年金的被保险人资格的汇报及备案

厚生年金的适用事业所必须将厚生年金的被保险人的相关资格的取得或丧失，以及每个月的工资金额等信息向日本厚生劳动大臣汇报并备案[①]。但是，如果同一个劳动者在两个以上的工作地点从事工作的话，则该劳动者必须自己向日本年金机构汇报并备案[②]。笔者认为，前述情形由劳动者进行备案的效率更高，政府要提高行政效率，因此，将相关信息的备案义务直接从用人单位转嫁给了劳动者，这说到底是为了行政及备案方面的方便，但是，在法理上是否有依据，是否具有合理性，很多学

① 参照《日本厚生年金法》第 27 条。
② 参照《日本厚生年金法施行规则》第 2 条。

者对此持有疑问[①]。笔者也认为，日本通过《厚生年金保险法施行规则》的制定，直接改变了《厚生年金保险法》中所确定的义务归属。

为何需要此汇报备案制度，是因为如果不进行备案，日本厚生劳动大臣很难完全准确地了解并把握被保险人资格的取得或丧失等全部信息。但是，被保险人资格的取得或丧失等信息对其他年金制度的受给付资格以及年金金额的计算都有着极其重大的影响，日本厚生劳动省作为一个社会保障制度的统筹管辖部门，必须要精确把握所有详细的信息。

而之所以让用人单位承担厚生年金的相关信息的汇报备案义务，是因为用人单位更容易准确把握其所有劳动者与年金相关的信息。而且用人单位里面往往有懂得年金制度及相关法律的专业人才，可以通过专业的管理，一次性进行其所有员工的厚生年金信息备案，而劳动者往往不具备此类优势。此外，由用人单位进行备案手续也是为了减轻劳动者的负担，因此，由用人单位承担厚生年金的相关信息的汇报备案义务对年金制度顺畅运作更为有利。但是，根据上述说明，如果同一个劳动者在两个以上的工作地点从事工作的话，则该劳动者必须自己向日本年金机构汇报并备案，这可以说是日本厚生年金保险法的例外，其合理性值得讨论。

如果用人单位无正当理由不进行厚生年金信息的汇报及备案，或者故意提交虚假的备案信息的话，可能会被处以 6 个月以

① 仓田聪：《社会保险的构造分析》，北海道大学出版会 2009 年版。

下的有期徒刑或者 50 万日元以下的罚金[①]。日本很多关于社会保障制度的法律中都会有关于违反相关规定时的处罚条款，但是，在昭和年代有多个关于适用社会保障体系法律处罚条款的判例[②]，进入平成年代之后极少出现适用《厚生年金保险法》进行处罚的情形。实际上，日本的每部法律在最后都会规定处罚条款[③]，这主要是从立法完整性方面进行的考虑，对于不进行年金信息备案等行为直接处以实刑的情况是比较少的。笔者认为，首先，这些处罚条款的存在会对用人单位有心理威慑，促使其严格遵守相关义务以保证年金制度的顺畅运行，然后，年金相关法律中的处罚条款的目的仍旧以教化为主，如用人单位能主动改正并没有造成重大损害的话，一般对启动其处罚条款极为慎重。

作为日本厚生劳动大臣也有通知义务，根据《厚生年金保险法》的规定，对于下列情形，日本厚生劳动大臣必须立即通知用人单位[④]：

第一，认可任意包括适用事业所退出厚生年金的适用事业所体系。

第二，认可任意单独被保险人资格的取得或丧失。

第三，确认被保险人资格的取得或丧失。

---

① 参照《日本厚生年金保险法》第 102 条、第 104 条。

② 参照日本东京高等裁判所判决，昭和 54 年(1979 年)6 月 13 日，《判例时报》第 945 号，第 136 页。

参照日本大阪高等裁判所判决，昭和 60 年(1985 年)6 月 26 日，《判例时刻》第 566 号，第 306 页。

③ 在日语中被称为：罰則（ばっそく）。

④ 参照《日本厚生年金保险法》第 29 条第 1 款、第 31 条之 3。

第四，决定或改变关于年金的标准报酬。

此外，如果日本厚生劳动大臣收到用人单位的备案之后，认为备案内容和事实不符的话，日本厚生劳动大臣应当将该情况通知用人单位[①]。而用人单位在收到该通知后，必须立即通知被保险人[②]。如果存在通知困难的情形，应当根据《日本厚生年金保险法》第29条第3款至第5款的规定，与被保险人进行联系。这里同样设定了处罚条款，如果用人单位无正当理由而不通知被保险人，会被处以6个月以下的有期徒刑或者50万日元以下的罚金[③]。与之前说明的情形相同，被此处罚条款实际处罚的情形很少。而且，如果真的要判有期徒刑的话，势必要处罚自然人，究竟是该用人单位的法定代表人被处罚还是直接责任人会被处罚是有分歧的。虽然在实际运用中很少出现，但是可以作为学理研究进行探讨。笔者认为，如果不考虑立法成本等情况，可以把前述两个规定合二为一，直接规定为：日本厚生劳动大臣在通知用人单位时，应同时通知被保险人。这样虽然会加重日本厚生劳动大臣的义务，但是，从制度运营的角度上来说效率会得到提升。当然，如果这样规定，也可能会造成用人单位忽视自己应当承担的责任，因此，可以参照其他法律关于通知义务的规定，进行比较分析讨论。

---

① 参照《日本厚生年金保险法》第30条。

② 参照《日本厚生年金保险法》第29条第2款。

③ 参照《日本厚生年金保险法》第102条、第104条。

第十二节　厚生年金的被保险人资格的确认

厚生年金的被保险人的资格需要得到日本厚生劳动大臣的确认才可生效。但是,任意单独被保险人的资格的取得和丧失不需要得到日本厚生劳动大臣的确认[①]。这里的确认虽然原则上经由用人单位或者被保险人的申请而进行,但是,如果用人单位怠于进行被保险人资格的备案时,日本厚生劳动大臣也会通过职权进行确认[②]。

上述厚生年金的被保险人资格的确认其实是基于行政法相关的理念。根据行政法的法学理论,这里的确认,原则上不直接适用日本行政手续法中关于非利益性处分的规定。但是,这里的确认可以被理解为一种间接适用,其会被归于日本行政手续法中的处分基准的设定和公开,以及非利益性处分理由的提示相关的规定所规制[③]。

笔者认为,这里厚生年金的被保险人资格取得及丧失的确认是一种对事实的确认行为,而不是新的事实的形成,其主要意义是作为行政方面的凭据。从行政法学的角度上来说,确认的

① 参照《日本厚生年金保险法》第 18 条第 1 款、第 4 款。
② 参照《日本厚生年金保险法》第 18 条第 2 款。
③ 参照《日本行政手续法》第 12 条、第 14 条。

法学性质为确认行为，而非形成行为[①]。其理由为，如果因为行政手续上的确认行为而直接改变法律上的实体结果，这将形成非常不合理的结论。总而言之，日本厚生劳动大臣的确认行为，仅仅是确定了这么一种事实关系，以便今后作为凭据，而不是创造一种新的事实法律关系。

在日本，确认属于行政处分，此行政处分会对当事人造成非利益性影响，而且确认制度也在法律上也有明确规定。因此，对于日本厚生劳动大臣的确认行为不服的相关人可以提起听证申请或提起行政诉讼[②]。

日本之所以设立了确认制度，是因为为了保护被保险人的权利及利益而希望在较早时期确定被保险人的相关资格。在日本，关于被保险人资格取得及丧失的《厚生年金保险法》属于社会保障法这一体系，而年金的具体操作相关的行政诸法属于宪法及行政法这一体系，本来应无联系，但是，在实务中，年金的具体操作的争议往往伴随着被保险人资格的争议，一旦形成诉讼，无论对相关人还是政府机关都是一种资源的浪费。因此，为了不造成大的经济及司法的资源浪费，而需要提前进行相关确认。通过一定的行政资源的付出而确保年金制度的顺畅运行。而且，对被保险人来说，时间间隔越长，其对自己被保险人资格的举证难度越大，如果进入诉讼，被保险人将会花费大量的时间及精力去举证，这会对被保险人造成巨大的不利影响，设立确认制

---

① 参照日本大阪高等裁判所判决，昭和 37 年(1962 年)10 月 26 日，《行政事件裁判例集》第 13 卷 10 号，第 1866 页。

② 参照《日本厚生年金保险法》第 90 条。

度其实也是通过国家立法对该不利影响进行弥补[①]。

日本厚生劳动大臣确认关于被保险人资格的取得或丧失之后，经过以下期间就不得对该确认处分提起诉讼[②]。

知道关于被保险人资格的确认处分的次日起 3 个月(审查请求期间)。

自被保险人资格的确认处分发生起 2 年(除斥期间)。

之所以设定上述期间，并规定期间经过之后就不得对日本厚生劳动大臣的确认处分提起诉讼，是因为社会保障制度需要稳定性，如果随时有被变更的可能性，会产生很多损害社会整体利益的不安定因素。但是，如果日本厚生劳动大臣的确认处分有重大瑕疵，或者对于公共利益来说有取消确认处分的必要的话，该确认处分有被取消的可能性[③]。

但是，只有在限定的情况下才会取消确认处分，而且对于确认处分相关的重大瑕疵及损坏公共利益的证明要求极高。笔者认为，此类判断实质上是公共利益及相关行政行为的信赖利益的比较考量行为，两者虽然都十分重要，但是，当两者产生不可调和的冲突时，不得不放弃相对价值较低的一方。也正是在这样的矛盾冲突进行不断比较及不断考量的过程中，立法机关渐渐完善了社会规则。

厚生年金的被保险人可以随时向厚生劳动大臣请求确认被

---

① 参照日本东京地方裁判所判决，昭和 56 年(1981 年)11 月 26 日，《行政事件裁判例集》第 32 卷 11 号，第 2105 页。

② 参照《日本社会保险审查官及社会保险审查会法》第 4 条。

③ 参照日本大阪高等裁判所判决，昭和 55 年(1980 年)11 月 21 日，《行政事件裁判例集》第 31 卷 11 号，第 2441 页。

保险人资格的取得及丧失[①]。这既是为了防止用人单位怠于进行厚生年金被保险人资格的备案,也是为了防止用人单位进行了与事实不相符的错误备案。但是,只有被保险人本人才可以申请该相关确认。即使是与被保险人有直接关系的人(如被保险人的被抚养人或被保险人的继承人等)也不得申请确认该被保险人的资格[②]。这是因为,根据一般法理,只有法律上与被保险人有直接利益(日本厚生年金保险法上的利益)的人才可以请求相关确认处分。而被保险人的被抚养人或被保险人的继承人与厚生年金的被保险人之间的利益关系则会通过日本民法中的家族法或者继承法来调整,这与厚生年金保险法上的法律关系为两种法律关系。

日本厚生劳动大臣对于年金相关信息的确认保证了年金制度的顺畅运行,今后如何简化请求厚生劳动大臣确认被保险人资格的手续,并提高相关确认的效率将成为新的课题。

---

① 参照《日本厚生年金保险法》第31条、第31条之3。

② 参照日本东京地方裁判所判决,昭和58年(1983年)1月26日,《判例时刻》第497号,第139页。

第七章

年金保险给付

第一节　年金保险给付的种类

《日本国民年金法》中规定，对于国民的年老、残疾、死亡须给付必要的国民年金[①]。具体来说，国民年金有以下几类年金的给付：

1. 老龄基础年金
2. 残疾基础年金
3. 遗孀基础年金
4. 附加年金
5. 寡妇年金
6. 死亡补偿金

《日本厚生年金保险法》规定，在劳动者年老、残疾、死亡时给付年金保险[②]。厚生年金的被保险人原则上是国民年金的第2号被保险，在被给付厚生年金的同时，也被给付国民年金。厚生年金的给付主要有以下几类：

1. 老龄厚生年金
2. 残疾厚生年金
3. 残疾补贴金

---

① 参照《日本国民年金》第2条。

② 参照《日本厚生年金保险法》第1条。

4. 遗孀厚生年金

此外，对于加入日本国民年金或者厚生年金的外国人来说，如果在其回国的时候，若满足脱离日本年金制度的相关条件，即可被给付一笔脱离年金制度的一次性补偿金[①]。但是，这种一次性补偿金并没有写入《国民年金法》及《厚生年金保险法》中，只能算是一种具有妥协性质的年金给付。日本此举是想要鼓励外国人加入其国民年金及厚生年金，以增强在日本工作的吸引力以及平衡其年金财政，但是，外国人很可能会在获得日本的年金受给付权之前因为个人原因、家庭原因或者工作调动的原因而回到其本国，这样无论对日本来说，还是对外国员工来说，年金的计算和给付都会变得非常麻烦。外国人脱离年金制度的一次性补偿金正是通过一次性的金钱给付免去之后纷繁复杂的手续，这对于外国员工和日本来说，都是一个双方可以接受的妥协选项。外国员工可以不必再多次回到日本办理年金相关的手续，而日本政府也可以节省很多人力，是一种双赢的结果。今后，我国的养老保险制度的建设，日本的这种一次性补偿金制度可以作为制度设计时的一个参考选项。

第二节　年金保险给付的目的

任何一个国家的年金制度及其年金保险给付的目的并非都

① 日语原文为：脱退一時金（だったいいちじきん）。

是一成不变的，随着年金相关法律的修改，年金制度的主旨及目的也会随之改变。年金制度以及年金保险给付的主旨及目的一般都会规定在相关法律的第1章中，而且，在各个年金制度之间，其立法目的及制度目的都会有一定的联系。

就现行的日本年金制度而言，国民年金中的基础年金的主要目的是为了保障日本国民最基本的生活，也是年金给付中最基础的部分。而寡妇年金等是为了特定目的而进行的年金给付。厚生年金的主要目的是使劳动者在退休之后可以维持其工作时的生活水平，以及在其退休之后对其在工作时期支付的保险费做出合理的年金给付。总而言之，由于所有日本国民必须加入基础年金，因此，国民年金更具有法律规定的强制性，而厚生年金则更具有根据缴纳的保险费的多少而进行年金给付的对价性①。

第三节　年金保险的给付体系

如上文介绍，国民年金的第1号被保险人、第2号被保险人、第3号被保险人都可以获得基础年金的给付，但是，只有第2号被保险人可以获得厚生年金，即报酬比例年金的给付。也就是说，对于第2号被保险人来说，国民年金是第1阶段的年金

① 参照日本和歌山地方裁判所判决，平成14年(2002年)12月17日。第一法规28080664(国民年金法等)。

给付，而厚生年金是第 2 阶段的年金给付。

但是，国民年金的第 2 号被保险人的年金给付并非单纯意义上的国民年金的给付加上厚生年金的给付，在某些年金给付方面，如果国民年金和厚生年金发生冲突，国民年金将不予给付。比如，如本书上文所述，国民年金中有残疾基础年金，而厚生年金中也有残疾厚生年金，如果某国民年金的第 2 号被保险人被给付残疾厚生年金的话，残疾基础年金将不予以给付。

第四节　年金保险的给付基准

无论日本的《国民年金法》还是《厚生年金保险法》，其年金给付的计算方法在法律上都有规定，这种年金给付的计算方法被称为给付基准①。该给付基准是根据日本国民的平均寿命、出生率、生活水平、工资水平、保险费的缴纳情况、经济情况、国家的财政状况等因素综合计算出来的结果，在日本国民同意相关给付基准之后，予以公布。

笔者认为，该给付基准虽然考虑了诸多因素，但是其实主要是政治平衡的产物。有些国家想成为高福利国家，有些国家想成为低福利国家。当然，高福利国家对于其所有国民的保险费缴纳负担也高，低福利国家对于其所有国民的保险费缴纳负担

① 在日语中被称为：給付水準（きゅうふすいじゅん）。

也低。因此,并没有好坏之分,只是纯粹的政治选择。

每个国家对于其社会保险的立法出发点是不同的,有些国家觉得,国民的基本生活应该首先靠其自我努力,其次,是其亲人的帮助,再次,才是国家给予的保障及支援。如果持此观点的话,其社会年金保险的给付基准就会被设定得较低。而如果将国家给予公民的社会保障放在第一位的话,其社会年金保险的给付基准往往会被设定得较高。日本并非是向北欧国家一样的高福利国家,在日本经济高速发展之前,日本一直维持着相对较低的年金保险的给付基准。随着日本 20 世纪 70 年代和 80 年代的经济持续高速增长,日本渐渐提高了年金给付基准。但是,日本提高年金给付基准的主要目的是为了将年金给付金额调整到适应其物价水平的程度,而并非是想朝着高福利国家迈进。日本作为一个传统的东方国家,其国民比较向往东方文化中勤劳这一传统美德,因此,在日本制度社会保障政策的时候也往往将国民的自我努力、自我救助放在首要位置,国家作为国民最低生活标准的最后保障,这与北欧国家制定社会保障政策时的理念完全不同。而且,日本的人口规模也是北欧各国的 10 倍以上,有超过 1 亿人的人口,在如此庞大的人口基数下也很难完全建立起高福利的社会保障制度。在当今世界,绝大多数的国家都和日本一样,并非是完全的高福祉、高福利的国家,这些国家首先要求其本国国民有自我努力、自我救助的态度。因此,日本的年金保险给付体系还是具有参考价值,因为我国拥有更为庞大的人口基数,所以,今后社会保障制度的设计势必要参照人口及经济规模庞大的发达国家,如德国、日本、美国等。而且北欧各国之所以可以成为高福祉、高福利国家，是有当时特殊的政治因素，其国民在一开始就接受了高福利、高税收的国家社会保障体系，其国民也愿意缴纳高昂的保险费，北欧国家对年金资产有一套统一的管理运营体系，可以保障稳定的收益。对于世界上绝大多数的国家来说，在现行的社会保障制度上进行改良，建立符合本国经济状况的年金体系是最可行，也是最稳妥的发展方向。

关于日本的年金保险的给付基准在法律中有相关叙述。其表述为，关于基础年金的基准及保险费负担，应根据社会经济情势的推移及社会结构的发展等进行综合考虑①。另外，《日本宪法》的第 25 条中也规定国家应当保证公民健康及文明的生活。如果按照《日本宪法》的字面意思进行解释的话，社会年金保险体系的给付基准应当不仅仅为基本生活所需费用，而是应该包括参加文化生活所需要的费用，比如，观看歌舞剧、参加体育活动等。但是，根据上文所述，日本的年金保险的给付基准是政治妥协的产物，是在平衡各方利益的基础上计算出的一个大致的金钱给付基准，日本社会保障法学界的通说还是要求国民首先自己负起保障自己基本生活的责任，国家则作为一个最终支撑的社会保障选项。笔者认为，在制度具体政策的时候还是应该对宪法给予最大的尊重，至少不能让具体政策和宪法相矛盾。应当在对宪法进行合理解释的基础上，对具体政策进行一定的融汇变通，不可违背宪法最

① 参照《国民年金法》附则第 1 条之 2。

基本的理念。

如果具体到日本制度的年金相关法律及给付基准的层面上的话，日本的社会保障制度并非只有年金制度，还有医疗保险、护理保险、劳动保险等，所以，为了实现《日本宪法》第25条中关于国家应当保证公民健康及文明的生活这一条款，其责任不应仅落在年金制度上，其他社会保障制度也应该履行其应有的责任[①]。日本制定《国民年金法》、《厚生年金保险法》等年金相关的法律，总体目的肯定是为了健全其社会保障体系。《国民年金法》和《厚生年金保险法》的立法目的也在其法律条文的前几条写明，而无论哪部法律实施起来总会有一些阻碍，计算年金给付基准的过程可以被看作为实现总体上的立法目的而做出的妥协及变通。因此，只要年金相关的法律不明显脱离其立法裁量权及欠缺立法合理性，就很难说其违背宪法[②]。这里笔者认为，任何一部法律的具体规定都会经过不断修改才会趋于完善。一个国家要想发展社会保障制度，鼓励关于社会保障的立法是十分必要的。如果对相关立法活动过于苛责，就会产生立法工作者不敢对新的领域进行立法的问题，会导致立法的滞后。所以，评价一部法律是否违背宪法精神，应该以其在整体上是否明显欠缺合理性为基准。

---

① 参照日本东京地方裁判所判决，平成9年(1997年)2月27日，《判例时报》第1607号，第30页。

② 参照日本京都地方裁判所判决，平成元年(1989年)6月23日，《判例时刻》第710号，第140页。

第五节　年金保险给付的浮动制度

日本年金的给付金额很多时候会根据物价、工资、人口等情况的变化而变化。这被称为浮动制度，也被称为年金给付金额的改定[①]。由于随着现代经济的发展，经常会发生根据物价、工资以及人口等情况而进行调整年金给付金额的情形，所以，前述情形又被称为自动浮动制度或者年金给付金额的自动改定。

既然是年金保险给付的浮动，通过一系列的计算对年金给付金额进行调整之后，相关年金给付金额自然有可能变高，也有可能变低。随着经济形势的变化，关于年金保险的给付很可能因为人口规模问题或者政策调整而导致年金给付金额变高或变低。人口规模的变化主要体现在人口年龄结构比例的变化，如果出生率较高，该国劳动人口的比例自然会增大，从而形成劳动人口多而老龄人口少的现象，也就是年金保险费缴纳人口较年金受给付权人的比例高。因此，该国的年金财政会变得比较宽裕，可能会提高年金给付金额。反之，如果一个国家的老龄化程度严重，也就是年金受给付权人占据总人口很高的比例的话，该国的年金财政将很难维持，很可能降低年金给付金额。而一个国家政策调整也会影响年金的给付金额，比如，可能根据国

① 在英语中被称为：cost-of-living adjustments。

家的财政状况调整保险费的缴付金额，并重新制定年金保险给付的基准。在日本的年金相关法律中也有关于年金保险的给付金额会根据国民的生活水准、工资及其他情况而发生变化的叙述。[①]

在2004年(平成16年)日本修改年金相关法律时，导入了宏观经济浮动制度[②]这一年金保险给付调整方式。年金基准会根据此宏观经济浮动制度而调整。宏观经济浮动制度和自动浮动制度虽然都是通过各种经济因素而对年金给付金额进行调整，但是，宏观经济浮动制度在本质上是为了控制年金财政的支出，其实也就是为了平衡年金财政而将所有人的年金给付金额统一调低。近年，欧美的学者也对宏观经济浮动制度进行了研究，提出了减额系数[③]、持续可能性要素[④]等概念，这说明，欧美的学者也比较倾向将宏观经济浮动制度作为一种比较具有公平性的减少年金给付金额的手段。笔者认为，如果有比较公平的计算标准，把所有人的年金受给付金额一律进行减少也是可行的。宏观经济浮动制度在一定程度上具有全民承担国家财政风险的理念，当年金财政出现危机时，不是由个别领域的人承担年金减额的非利益性损失，而是全民同舟共济地一起承担损失。因此，当每次启动宏观经济浮动制度时，都应该有依据，经过精确计算。

① 参照《日本厚生年金保险法》第2条之2。
② 在日语中被称为：マクロ経済スライド（まくろけいざいすらいど）。
③ 在英语中被称为：reduction coefficients。
④ 在英语中被称为：sustainability factor。

第六节　年金保险给付的物价浮动制度、工资浮动制度、实际工资浮动制度

上述年金保险给付的自动浮动制度中具体可分为：物价浮动制度[①]、工资浮动制度[②]、实际工资浮动制度[③]。各自根据一定的指标对年金金额进行重新计算。

物价浮动制度是指根据物价的变动比率而将年金金额进行改定。工资浮动制度是指根据工资的变动比率而将年金金额进行改定。而实际工资浮动制度指的是根据实际到手的工资，也就是根据扣除税款以及社会保险费用之后的税后工资的变动而重新计算年金给付金额的制度。

其中，物价浮动制度被运用得最为普遍。物价浮动制度可以维持年金的现实价值，也就是可以让年金的金额符合现今社会的经济发展水平。物价浮动制度也有其他附加价值，通过对物价浮动制度的相关指标的计算，可以了解一个国家、一个社会的平均购买力是否在上升或者下降，并且可以将社会平均购买力的变化准确反映到年金给付金额上去。同理，工资浮动制度也可以将一个国家、一个社会的平均工资变化反映到年金给付

① 在日语中被称为：物価スライド（ぶっかすらいど）。

② 在日语中被称为：賃金スライド（ちんぎんすらいど）。

③ 在日语中被称为：実質賃金スライド（じっしつちんぎんすらいど）或者手取り賃金スライド（てとりちんぎんすらいど）。

金额中去。但是，工资浮动制度反映的是表面工资，也就是税前工资，实际到手的工资还需要扣除税款及社会保险等。因此，很有可能出现虽然表面工资上涨了，但是由于税收及社会保险的涨幅更大，实际到手的工资变少的情况。因此，需要实际工资浮动制度来计算员工实际到手并可以自由支配的工资变化。可以说，实际工资浮动制度更能将社会的实际工资情况反映到年金给付金额中去。

年金保险给付的浮动制度主要有两大作用：一是根据相关浮动制度的计算内容制定新的年金给付基准；二是在修改年金给付基准时参照相关浮动制度。由于工资相对于物价更容易预测，面向未来的话，工资相关指标更容易把握。因此，在制定新的年金给付基准时，往往会采用工资浮动制度或者实际工资浮动制度，根据员工的工资情况制定年金给付基准，这样比较容易统一计算，也一目了然。而需要进行修改年金给付基准时，往往是发生了物价变动而进行给付金额的修改。因此，在修改年金给付基准时，往往采用物价浮动制度来计算年金给付金额的变动浮动。根据物价浮动制度修改的年金给付金额也比较符合年金财政及年金受给付权人的现实需求。

同样是对年金给付金额的修改，如果通过调整相关政策而对年金给付金额进行改变的话，并不必然以相关指标为基准，可以通过预测未来的经济形势或者根据国家今后的发展方向来改变年金的给付金额。

对于日本的年金制度来说，一般会根据宏观经济浮动制度、物价浮动制度等相关指标的浮动制度以及政策调整来改变年金保险的给付金额。笔者认为，前述各种制度及政策之间由于缺乏统一性，故进行年金金额调整的时间很不确定，因此，各种制度的混合存在使年金金额的调整欠缺了一定的可预测性。笔者建议，可以将物价浮动制度、工资浮动制度、实际工资浮动制度只用作提升年金给付金额基准时进行计算相关指标。而将宏观经济浮动制度只在降低年金给付金额基准时所用。而将政策调整作为一种兜底的手段，如果没有非常情况，一般不启动政策调整。

这样的话，在提升或者降低年金给付基准时都有具体的指标凭据。也就是说，随着经济的不断发展，年金给付基准一般会被提升，因此，通过物价浮动制度、工资浮动制度、实际工资浮动制度的计算，来确定合理的年金给付提升金额。而国家和社会每年、每天都会经历很多情况，如有影响年金财政的情况出现（例如，劳动人口减少、平均寿命增加等），则会通过宏观经济浮动制度来降低个人的年金给付金额。

总而言之，笔者认为，年金保险给付的浮动制度是为了维持年金的实际价值。为了维持年金在社会消费中所应当具有的经济价值，就需要通过各种浮动制度对年金实际给付金额进行相应的调整。而且，在现行法律制度中年金保险给付的浮动制度只能运用在公有年金领域，因此，是否应用浮动制度也成了区分公有年金和私有年金的一个重要基准。

第八章

企业年金总论

第一节　日本私有年金制度中的企业年金

根据前几章所述，日本的年金制度分为国民年金、厚生年金、私有年金这3种。企业年金是私有年金中的一种。企业年金与公有年金不同，主要靠相关人的个人努力而获取企业年金的给付，从而保证退休后的生活来源。

对于日本的企业制度，可以将其定义为：为了回报员工长年的辛勤劳动，公司对员工施行的私有年金制度，以保障员工退休后的生活，该制度具有任意性。

根据上述定义，企业年金与公有年金在制度上最大的不同就是，企业年金是由企业实施的，而公有年金是由国家实施的。这里的企业是一个宽泛的含义，主要为非国有的意思。除了企业职务，日本的私立大学或者非营利团体也可以设置企业年金。可以由多个企业联合设立企业年金，其制度设置较公有年金而言相对自由。由于企业年金是由企业实施的，所以，企业应该负起制度运营的责任，应该有专门负责企业年金事务管理的专业人员，而不是完全由员工自行管理自己的那一部分企业年金。在企业年金制度中，公司将会承担较大的责任，因此，日本企业年金相关的法律中有很多对企业进行规制与指导的条款。

既然是企业作为对劳动者长年劳动的回报而实施的企业年

金制度，那么，企业年金自然和工资、年假、福利等一起构成了公司与员工之间的劳动条件，需要在相关合同中写明。关于企业年金的合同，一是为了留有凭据，二是为了在企业和员工之间确认企业年金的具体事项。

很多学者认为，可以将企业年金看作是工资的一种，也就是工资的延后支付。可以参照日本劳动基准法，将企业年金的相关问题与工资的相关问题一起进行讨论[①]。但是，笔者认为，年金和工资虽然最后都是以金钱形式进行给付，其本质内涵还是不同的。如果可以将企业年金和工资作等同看待，那么，公司其他福利也可以与工资同等看待，因为所有福利都可以计算为金钱利益。如果是这样的话，公司对员工的各种劳动条件的划分将会失去意义。企业年金有其独有的作用及特质，在进行学术研究时，应当将年金和工资进行分别讨论。

需要再次说明的是实施企业年金并非是企业的义务，实施企业年金具有任意性。但是，一旦企业实施了企业年金，就会受到相关法律的规制。在日本，绝大多数的公司都施行企业年金制度，以确保在和其他公司竞争的过程中能够留住优秀的人才。一个公司的企业年金制度是否完善，相关年金给付是否合理，企业年金财政储备是否充分都是评判一个企业优秀与否的重要标准。

在美国很早就建立了企业年金退休给付制度[②]。美国的企业年金有确定的给付规则，会事先有一个公式可以计算出退休时可以获得的企业年金的金额。无论在工作期间换了几家公

① 参照《日本劳动基准法》第11条。
② 在英语中被称为：retirement benefit。

司，企业年金都可以累积计算。美国的企业年金一般按照下列公式进行计算，最终确定公司所要承担的企业年金给付金额。

企业应给付的年金金额＝(退休时的工资×工作年数×一定的系数)－公有年金金额

这个计算公式的含义就是，先根据工作时的工资水平确定退休后所需要的年金金额，再减去公有年金的金额，其差额就是企业所需承担的企业年金的金额。这个公式简洁明了，在美国广泛被使用。但是，日本企业的很重要的一个思路就是“终身雇用”[①]，日本企业往往希望员工一辈子在一家公司工作，因此，日本公司设计的制度都是根据自己公司的情况而设计的，各个公司之间并不统一，在离职的时候，关于企业年金的计算会发生很多问题。近年，日本的企业也在慢慢改变观念，逐渐改善其原来固有的“论资排辈[②]、终身雇用”等观念，多次转职的员工也越来越多。为了适应这种潮流，日本也正在努力建立一个全国范围内统一的企业年金制度。

第二节　日本企业年金的种类

日本的企业年金有很多种，本书主要根据日本关于企业

① 日语原文为：終身雇用（しゅうしんこよう）。
② 在日语中被称为：年功序列（ねんこうじょれつ）。

年金的法律、法规对企业年金进行分类，对厚生年金基金制度、给付额确定年金制度、缴付额确定年金制度进行解析说明。

厚生年金基金制度是基于《日本厚生年金保险法》实施的制度，但是其不属于厚生年金，而属于企业年金。其运营模式大致为，单个或者多个企业在企业之外设立独立的法人，也就是企业为了进行企业年金制度的运营，单独设立了一个厚生年金基金法人。该厚生年金基金负责进行年金资产累积，管理年金事务，给付企业年金等相关业务。厚生年金基金制度虽然是企业年金的制度，但是，其可以代为管理[①]厚生年金的一部分资产。厚生年金基金制度将企业年金和厚生年金统一管理运用，通过规模经济，在一定程度上提高年金资产运营的效率。

日本的《给付额确定年金法》于 2001 年(平成 13 年)成立，并在 2002 年(平成 14 年)4 月施行。从此，日本导入了给付额确定年金制度。给付额确定年金可以分为规约型给付额确定年金以及基金型给付额确定年金。规约型给付额确定年金是企业和员工之间先签订关于给付额确定年金的年金规约，企业再与信托银行、生命保险公司等外部年金管理运营机构签订委托合同，将年金资产的管理运用以及年金金额的给付委托给外部年金管理运营机构。该制度对年金资产的累积基准以及信息公开等方面有着非常严格的规定，由日本厚生劳动省全盘管理。

基金型给付额确定年金是指在企业之外再设立一个基金法

① 在日语中被称为：代行（だいこう）。

人，通过该基金法人进行年金资产的管理及运用。基金型给付额确定年金和规约型给付额确定年金最大区别就在于是否在公司之外另外设置一个法人。基金型给付额确定年金的制度和厚生年金基金制度有很多相似之处，但是，与厚生年金基金制度不同的是，基金型给付额确定年金是纯粹的企业年金制度，与年金制度中第二阶段的厚生年金没有关系，也不进行任何厚生年金的代为管理。企业通过一个基金法人来管理年金事务，企业可以专注于业务，基金法人也可以独立管理年金业务，虽然手续上较为麻烦，但可以在一定程度上保证年金业务的独立运行。

规约型给付额确定年金和基金型给付额确定年金各有优缺点。规约型给付额确定年金由于是在公司内部实行的制度，因此，手续相对比较简便，可以在公司内部进行企业与员工之间的沟通。基金型给付额确定年金虽然是另外设置了一个法人，成本相对较高，但是，其可以保证企业年金制度运营的独立性。而且，基金型给付额确定年金最大的优越之处在于可以将不同公司的企业年金进行共同管理运用。规约型给付额确定年金由于是在公司内部进行的制度，因此，往往只能由一个公司实施。而基金型给付额确定年金是另外设置了一个法人，其实就是另外再设立了一家公司，因此，基金型给付额确定年金可以将不同公司的企业年金统合起来，一起进行年金资产运营，以达到收益最大化的效果。规约型给付额确定年金和基金型给付额确定年金的制度结构示意图如图 8－1、8－2 所示。

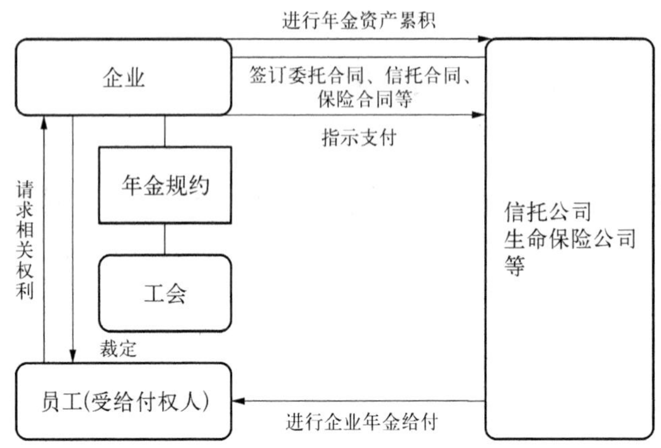

图 8－1　规约型给付额确定年金的制度结构

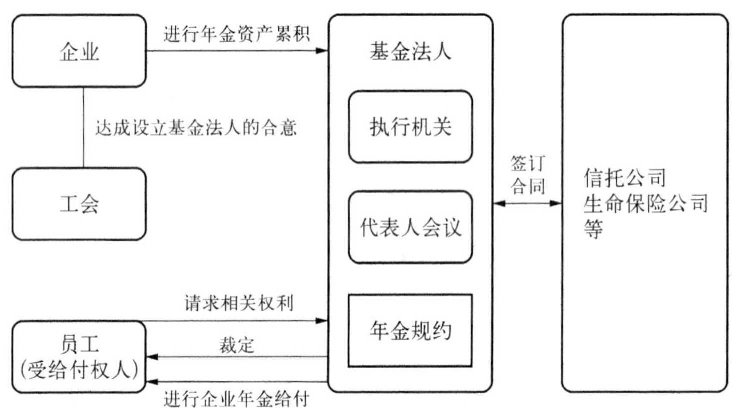

图 8－2　基金型给付额确定年金的制度结构

2001 年(平成 13 年),《缴付额确定年金法》公布,日本正式导入了缴付额确定年金制度。此制度很大程度上模仿了美国的“401(k)”制度,与之前日本的私有年金制度有很大的不同,表现在每个人都有自己的账户管理自己的年金资产,每个人缴纳的年金金额相同，但是，根据每个人通过自身努力对年金资产的管理运用，最后所获得年金给付金额会有很大程度上的不同。

缴付额确定年金也分为企业型缴付额确定年金和个人型缴付额确定年金。企业型缴付额确定年金是基于劳动者和公司之间的协议以企业为单位实施的制度。由企业向员工的年金账户累积年金资产，然后，由员工自己选择如何对该年金资产进行运用。根据员工对年金资产管理运用的结果，账户中的金额会发生变化，最终的年金给付额完全由管理运营是否成功而决定。

个人型缴付额确定年金是指，在没有实施企业年金制度的公司工作的员工或者个体户可以作为个人单独加入个人型缴付额确定年金，该制度的管理运营由日本国民年金基金联合会进行[①]。因为，员工可以根据其个人意志选择加入或者不加入个人型缴付额确定年金制度，企业不能阻碍或者拒绝员工加入个人型缴付额确定年金制度，企业不具有对员工加入个人型缴付额确定年金制度的选择权及决定权，所以，个人型缴付额确定年金制度不符合企业可以任意实施企业年金这一关于企业年金的定义，其已经不算是典型的企业年金了。

综上所述，缴付额确定年金制度的最终给付金额完全取决于员工对投资的选择及自身的努力。因此，选择加入缴付额确定年金之前首先应该判断自己是否具有对投资的判断力及敏锐度。进行投资判断本身就是一个巨大的时间成本的付出，需要花费很多精力，如果最终的投资结果不能盈利的话，加入缴付额

---

① 日语原文为：国民年金基金連合会（こくみんねんきんききんれんごうかい）。

确定年金这一行为可能会给劳动者造成很大的负担及损失。笔者认为，缴付额确定年金是日本新引进的企业年金制度，很多内容都还在完善中，加入缴付额确定年金之前应当先了解相关规定以及明确投资方向，这样才不至于花费了时间和精力之后，反而在金钱方面遭受损失。其实，也可以把加入缴付额确定年金制度看作金融投资的一种，很多大型投资家在做金融投资的时候往往会随时咨询专家的意见。企业在实施缴付额确定年金制度之后，可以在聘请专门做投资咨询方面的专家来对员工进行指导，这是保障员工获得企业年金给付的重要手段，也是作为企业应当履行的社会责任，当员工年老后的生活无忧时，自然会更加尽力地为公司工作，公司也会获得更好的社会评价，从而增加实际收益。从这个角度上来说，社会保障制度是可以给公司及员工个人带来直接的经济利益及社会名望，因此，今后对于社会保障制度的看法不应该只停留在保障劳动者基本生活这一层面，应该看到其积极的经济效应。

第三节　年金储蓄制度中的年金资产管理运用

日本为了促进劳动者对自己所拥有的资产的管理运用，制定了《勤劳者财产形成促进法》。该法案包括了财产储蓄制度[①]、年

① 日语原文为：勤劳者财産形成貯蓄制度（きんろうしゃざいさんけいせいちょちくせいど）。

金储蓄制度[1]、住宅储蓄制度[2]。《勤劳者财产形成促进法》中的年金储蓄制度的大致结构如图 8-3 所示。

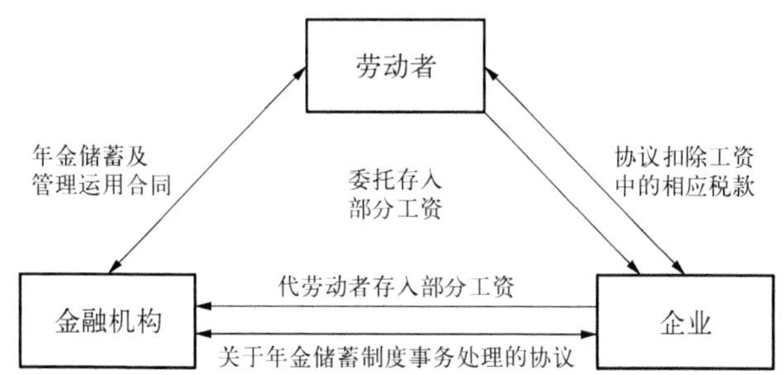

图 8-3　勤劳者财产形成促进法中的年金储蓄制度的结构

年金储蓄制度如上所示，劳动者委托企业将其一部分的工资作为年金储蓄存入金融机构，企业在与金融机构签订相关协议之后将劳动者的工资存入该金融机构，劳动者与金融机构之间签订年金储蓄及管理运用合同，通过该合同，劳动者在其 60 周岁之后可以获得年金的给付。

在《勤劳者财产形成促进法》中没有规定企业在实施年金储蓄时对劳动者的金钱补助义务，也就是说，企业在实施年金储蓄时不需要额外支出资金，这与普通的企业年金有所不同。另外，年金储蓄制度与个人型缴付额确定年金的不同点在于，年金储蓄制度中劳动者对其与金融机构之间的合同受限于企业。如图

① 日语原文为：勤劳者財産形成年金貯蓄制度（きんろうしゃざいさんけいせいねんきんちょちくせいど）。

② 日语原文为：勤劳者財産形成住宅貯蓄制度（きんろうしゃざいさんけいせいじゅうたくちょちくせいど）。

8－3所示，必须先由企业与金融机构之间签订关于年金储蓄制度事务处理的协议，然后，再由劳动者和金融机构之间签订年金储蓄及管理运用合同，因此，劳动者在加入年金储蓄制度时会在一定程度上受到企业方的意思限制。

劳动者在与企业及金融机构协商之后，可以在60周岁之后获得年金给付，从这个层面上来说，年金储蓄制度中的金钱给付也可以看作是对劳动者长年劳动的回报，并且也是由企业主导的任意实施的制度，因此，综合这几种特征，笔者认为，可以将日本的年金储蓄制度看作是企业年金制度中的一种。私有年金由于具有很大的任意性，也有很多近似的制度，所以，其分类并非十分固定，而是可以根据不同学说的不同理解而进行分类。

第四节　企业年金资产的累积及给付

企业年金资产的累积及给付分为内部方式①及外部方式②。内部方式是指将企业年金置于公司退休金制度之内，也就是将企业年金的规定置于就业规则或劳动协议之中。日本的企业年金制度本身就是从退休金制度衍变而来，企业年金资产累积给付的内部方式可以说是继承了传统的理念。从法学理论角度上来说，在企业和劳动者签订就业规则或劳动协议之后，就形成了

① 在日语中称为：内枠方式（うちわくほうしき）。
② 在日语中称为：外枠方式（そとわくほうしき）。

合同上的债权债务的法律关系，将企业年金的规定置于就业规则或劳动协议中的话，实质上就是将所有的劳动条件归纳在一份合同之内。

外部方式是指，在公司退休金制度之外规定了企业年金资产的累积及给付的相关规定。比如，在就业规则或劳动协议之外的年金基金规约中规定企业年金的详细内容。其出发点是认为企业年金的内容和劳动合同的内容是有很大区别的，所以，需要另行规定。而且企业年金也并非劳动条件中法律规定的必须事项，另行制定企业年金的规约对公司的管理更有益处。

无论是内部方式还是外部方式，只是形式上的区别，对企业年金制度的具体内容，或者是对相关人的权利、义务并没有实质上的影响。总而言之，对于公司来说，如果其所有员工所享受的企业年金制度较为统一，则使用外部方式较为便利，可以将企业年金的相关规定统一成公司的年金基金规约。但是，如果公司员工所能享受的企业年金的具体制度很不一致的话，外部方式就会失去其意义，只能使用内部方式逐一规定，让员工在确认劳动合同的时候也对企业年金的相关规定进行确认。

企业年金可以被看作为公司对员工的一种福利，因此，企业年金的财政累积主要由公司方负担。但是，企业年金毕竟是在企业和劳动者之间通过自由协商决定的，也可以在企业和劳动者达成协议之后，由劳动者承担部分，甚至所有的企业年金财政的累积费用。企业年金是对劳动者长年辛勤劳动的回报，企业不仅应该尽最大努力地减轻员工在年金财政累积方面的负担，而且更应该妥善地对企业年金的相关事务进行管理，切实地构建监督体系，确保年金资产的合理及高效的运用。

日本的企业年金的给付一般分为有期和终身。有期企业年金一般以 5 年或者 10 年为期限给付相关年金金额。而终身企业年金则是至受给付权人死亡为止永久性地给付相关年金金额。如果有期企业年金的受给付权人在受给付期限完全经过之前死亡的话，如果在相关协议中有继承人可以继承企业年金受给付权的规定的话，有期企业年金的受给付权人的继承人可以继承该年金受给付权，继续获得年金给付直至期限届满。而终身企业年金因为具有一定的永久性，需要企业和劳动者或者劳动者家属之间时刻互相确认相关受给付权人是否健在等情况，并且，如果公司的经营状况或者财政状况有重大变化，本着诚实守信的原则，公司应当及时和企业受给付权人进行沟通。

从上述分类中可以看出，终身企业年金对年金财政及企业年金事务管理的要求要远远高于有期企业年金。现在日本绝大多数的公司都是采用以 10 年为给付期限的有期企业年金。根据下文所述，笔者认为采用以 10 年为给付期限的有期企业年金有两大原因。

第一，今后日本可能会将公有年金的受给付权开始之日延迟至相关人年满 70 周岁。如果相关人是 60 岁时从公司退休的话，就会造成其在 60 岁至 70 岁的时候没有任何的年金收入，无法保证其可以过上和工作时期相同质量的生活，甚至连基本生活都会成问题。因此，很多公司将企业年金作为填补这一空白期间的重要手段，设定了 10 年的给付期限。由于给付期限固定，所以，公司往往会设置较高的年金给付金额，也不会要求员工在职期间负担过多的企业年金财政。对员工来说，这种以10年为期限的企业年金可以保证他们在60岁至70岁之间的基本花销及兴趣爱好和旅行的花费，有了这笔企业年金之后就可以游刃有余地规划自己年老之后的生活。而且，根据日本厚生劳动省的计算，现代日本在70周岁之后一般有10—20年的寿命。由于日本实行的是全民医疗保险，医疗费用主要由国家负担，按照此平均寿命计算的话，在70周岁之后的十多年中，即使没有企业年金，凭借着国民年金或者个人存款也可以负担基本的生活费用。因此，现在日本很多学者主张将企业年金的作用定义为对公有年金的补充，在不对公司和员工造成特别负担的情况下，可以使员工在60—70岁之间获得稳定的收入来源。

第二，一般日本公司的相关资料及记录会保存10年，如果采用以10年为给付期限的有期企业年金的话，可以将企业年金的管理和其他方面财务、人事等方面的管理统一起来，以提高公司的运营效率。而且，人的寿命的长短具有很大的不确定性，很可能因为环境的变化而造成一个地方的人集体寿命变长或者集体寿命变短。终身企业年金对公司的年金财政来说有着太多的不确定性，很可能因为某种因素而造成企业年金财政的全面崩溃，因此，对于公司来说，有期企业年金更具有确定性及财政安全性，不会因为平均寿命的变化而多次调整年金财政，在某种程度上来说也节省了对企业年金的管理成本。日本企业较其他发达国家的企业在经营上更趋于保守，追求一种可持续的稳定的经营状态，比较排斥不确定因素。日本以前在战国时代有一句古话叫“人生五十年”[①]。这句话的意思是一个人的寿命以五十年为极限，要以五十年的寿命为前提努力过好这一生。而进入21世纪之后，出现了“人生九十年”这一说法。现代日本人的寿命已经接近90岁，而且还在不断增长，再加上日本医疗条件发达，绝大多数老年人都可以健康地享受晚年。这样的话，如果企业年金采用终身给付，很可能会和国有年金面临同样的问题，也就是受给付权人越来越多，而相比起来在职员工的比例越来越低，最后造成企业年金财政的崩溃。综合各类风险，很多日本企业采取了保守态度，选择了以10年为给付期限的有期企业年金。

上文说明了企业应给付的年金金额的计算公式，其中，企业年金的给付金额的计算方法如下所示。

企业年金给付金额＝退休时的工资×工作年数×一定的系数

此公式主要用在给付额确定年金之中。事先计算出公司在员工退休之后将要给付的企业年金金额，然后通过公司委托外部年金运用管理机构进行投资理财，以保证最终可以将上述公式中计算出来的金额支付给退休的员工。只要是金融上的投资，就肯定会存在风险，有可能扩大原本的财产规模，也有可能使原先的财产规模在短时间内缩小，甚至清零。作为经济学者来说，应该对具体的投资理论及风险程度进行详细的研究。但

① 日语原文为：人生五十年（じんせいごじゅうねん）。

是，无论对投资进行何种细致的管理，都有投资失误发生的风险。作为法学者来说，应当以发生损失为前提，在制度设计上事先确定由哪方当事人承担相应的损失，明确各方当事人的权利、义务关系。

在给付额确定年金的体系下投资理财的风险会由企业方承担。由于事先已经确定了应当给付的企业年金金额，员工有了对自己可获得年金金额的期待权，之后如果没有企业和员工之间的协议，企业不得单方变更既定的给付金额。但是，如果缴付额确定年金的话，由于事先确定的是每月年金资产的累积金额，最终的给付金额完全由员工的投资方向所决定，因此，缴付额确定年金的体系下投资理财的风险由劳动者方承担。从这里可以看出，给付额确定年金和缴付额确定年金的本质区别在于企业年金资产的投资风险究竟是由企业承担，还是由劳动者承担。

第五节　企业年金的意义

在思考企业年金的意义之前，首先应当思考如果没有企业年金的话，整个劳动市场及社会保障体系会变成怎样的一个状态。企业年金从本质上来说是公司支付给长年劳动的员工的一种金钱对价。既然是金钱对价，那么，公司自然也可以将这笔费用直接作为工资支付给劳动者。对于劳动者来说，这不仅仅是工资的提前支付或延后支付的问题，将工资作为企业年金支付给劳动者,很可能会影响劳动者的实际利益。

首先,物价很可能因为通货膨胀或者经济的发展而上涨,即使金额相同,工作时获得的工资的价值很可能高于退休后获得的企业年金的价值。而且,如果员工提前获得这笔资金,很可能通过理财或者银行利息而收获更多的资产。更何况,虽说日本的人均寿命已接近 90 岁,但也有很多人在其退休之前去世,对于他们来说,加入企业年金可能就意味着纯粹的损失。从前述几点来说,企业年金可能相当于强制储蓄,会使员工失去自由支配工资的自由度。

企业年金和公有年金不同,公有年金需要保障所有公民年老后的生活,并且需要由国家统一管理,所以,对所有人具有强制性。但是,企业年金是由劳动者和企业双方自由意志所决定的,归根结底是私人之间的合同。为何现代社会劳动者会和企业之间会达成关于企业年金的协议,而企业年金又有何益处,笔者认为,主要有以下五方面的理由。

一、促进员工长期在本企业工作

笔者上文也提到过,企业年金有促进员工长期在同一家公司工作的作用。公司将工资的一部分作为企业年金,在员工退休的时候分次支付给员工,员工对这笔企业年金会有期待感,而且随着在公司工龄的增长,可以获得的企业年金也会随着增长,对退休后的生活是一种很好的保证,员工也可以更加安心地在同一家公司长期工作。

日本企业的传统理念就是要求员工在本企业工作至退休。

很多日本企业在设计企业年金给付制度的时候会将导入这种“终身雇用”的理念，往往在设计企业年金相关合同的时候会加入关于以下内容的条款。

如果员工在退休年龄前提前退休的话，企业年金的给付金额将会一定程度的减少。如果员工转职去竞争对手的公司或者员工因为法定原因被解雇的话，企业年金也会大幅度减少。相反，如果一个员工从大学毕业后就在本企业工作，连续不断工作到退休的话，企业年金的给付金额就会有一定幅度的提升，以作为对该员工长年忠诚、勤恳的回报。

但是，自从日本制定缴付额确定年金法之后，因为员工自身的原因离职、转职去竞争对手的公司，甚至被公司解雇的情况下，公司也不得对该员工的应获得的企业年金进行任何的减额或者没收[①]。缴付额确定年金法用此强制规定将缴付额确定年金和公司的退休制度分开，随着日本的缴付额确定年金的普及，势必会造成更为活跃的企业间的人才流动，日本企业如想长期留住本公司的人才，应从打造企业的核心竞争力以及完善对员工的基本福利开始着手，完成公司新理念的建设。

二、可以获得税收方面的优惠政策

在日本，如果公司实施了企业年金制度，会获得很多税收上的优惠待遇，对于国家来说，公司实施企业年金在某种程度上来说也是帮助国家减轻了国有年金的财政负担，稳定了社会秩序，

① 参照《日本缴纳额确定年金法》第 4 条第 1 款第 7 项。

因此，国家也愿意给予这些企业一定的税收优惠政策。而且，可以将企业年金看作为公有年金在民间的推广，政府通过一系列的奖励措施，使国家的年金制度在私有企业范围内得到推广，这对一个国家发展社会保障制度也是有很大好处的。对于企业和员工来说，实施企业年金制度，可以获得税收上的优惠，可以间接地提高公司的经营业绩及收益，从长远看来，肯定会惠及每个员工。

严格来说，税法属于公法部分，而《企业年金法》属于私法部分，强行将公法和私法的规定结合在一起的话，确实会有一定的违和感。公法和私法在法学领域上属于两个不同的范畴，有着不同的法理，需要通过政府制定具体的政策将其结合在一起。国家给予企业一定的税收优惠政策主要是从国家经济形势角度做出的判断，对实施企业年金的公司实行税收优惠政策，如果该公司通过企业年金的实施而招揽更多的人才，使公司经营业绩大幅度提升的话，国家将从该公司获得更多的税款，从而达到良性循环的效果。我国在年金政策或者其他领域，可以借鉴发达国家的经验，随时调整税收政策以对应千变万化的经济发展形势。比如，年金问题的根源很大一部分在人口结构，在人口结构问题方面，日本正在考虑对单身人群实行“单身税”，通过该税源对生育子女较多的家庭实行一定补助，以解决日本人口基数不断下降、人口不断老龄化的严重的社会问题。我国有“多子多福”的传统文化，要缓解我国的老龄化趋势，也需要我们当代人对生育下一代、培养下一代方面多倾注心血，因此，我国也可以从生育补助、企业年金补助等方面着手，在现行税法的基础上制定一些切实可行的税收政策。

三、促进公司完善人事体系

即使是私有企业，一般也会实行到一定年龄的退休制度。让到达退休年龄的员工退休，定期招聘青年人才，这样才可以保证公司正常的人事体系及薪资体系。很多员工到了退休年龄不愿意退休，主要是因为他们还没有获得足够的退休生活的保证。企业年金是对退休制度的很好的一个补充。

根据笔者的研究，日本之所以会在平成年代初期（20 世纪 90 年代）出现失去的十年这样长期的经济增长停滞，很大的一个原因是，日本在第二次世界大战之后出生的人群[①]在 20 世纪 90 年代都达到了 50 多岁。而根据日本企业的一般人事及薪资体系，50 岁至 60 岁之间的员工对公司来说恰恰是负担最大的一个年龄段。由于日本采取“年功序列”体系，50 岁至 60 岁之间的员工的薪酬是在整个公司中最高的，但是，日本企业一般不采用成果评价主义，比较看重员工的忠诚度，到了一定的年龄会自动晋升，50 岁至 60 岁之间的员工已经临近退休年龄，有家庭的负担，正是我们所说的“上有老，下有小”的年龄，他们的工作热情和进取欲已经大不如年轻时代了，50 岁至 60 岁之间的员工每年为公司创造的价值可能已经低于他们所领取的薪酬了。日本在 20 世纪 90 年代，大量员工进入 50 岁至 60 岁之间这个

① 日本在 1947 年（昭和 22 年）至 1949 年（昭和 24 年）迎来了婴儿潮，出生率急剧增长，这段时间出生的人群被称为“团块世代”。日语中被称为：团塊世代（だんかいせだい）。

年龄层，直接导致日本企业的薪资负担极其严重，再加上“广场协议”[①]的签订，日元急速上涨了3倍，这样等于说其他国家在购买日本企业的产品时的花费是先前的3倍，造成以出口为主要业务的日本企业在与其他国家的企业的竞争过程中处于极为不利的地位。而且当时50岁至60岁之间的员工比较保守，造成了日本企业在“广场协议”签订之后，应变非常不及时。

当然作为东方国家，日本也有“有恩必报，百善孝为先”等中华传统观念。老员工对于公司做出了巨大的贡献，当他们年龄上涨时，公司理所当然应该对他们尊重，给予他们比年轻人较高的待遇。不能因为老员工为公司创造经营利益的能力下降，就立即对其冷遇，这样会使公司的所有员工寒心，尊敬长辈正是民族能够生生不息的文化根源。对老员工较高的待遇虽然会对企业造成负担，但也是一个企业的社会责任。引入企业年金后会使老员工对年老后的生活更为安心，甚至有促进老员工提前退休的效果。如何将企业年金制度和退休制度有机结合起来是今后需要研究的课题之一。

在美国由于有禁止年龄歧视的相关法律[②]的约束，美国企业不得实行退休制度。由于有法律的强制性规定，企业年金对于美国企业缓和公司和员工之间的矛盾，调整企业的人事体系就起到了举足轻重的作用。美国很多企业在设计公司的企业年金制度时，会规定如果员工在55岁至60岁之间退休，其可获得

---

① 日语中被称为：プラザ合意（ぷらざごうい）。英语中被称为：Plaza Accord。由日本、美国、法国、英国、西德（当时东德和西德并未合并）在1985年9月22日在美国纽约市签署。

② 法律名为：Age Discrimination in Employment Act。

的企业年金。这样，在很多没有强制退休制度的企业，可以通过建立完善的企业年金制度的方式来保证其员工合理的年龄结构，不至于出现某段时间整体薪资结构过高的情况。以后私有企业可以模仿美国企业的做法，完全通过企业年金制度来调整公司的人事体系，愿意在规定年龄退休的员工可以获得较多的企业年金，愿意放弃一部分企业年金受给付金额利益的员工则可以在公司工作更长的时间，这样相对来说，可以满足所有员工的需求及意愿。通过企业与员工之间关于劳动条件的交涉及博弈来调整人事体系，而不是单靠强制规定，也许会成为今后企业经营理念的发展趋势。

四、企业年金可以使企业内部的专业人才发挥作用

企业年金之所以能够顺利运营，自然不是依靠单纯的储蓄，需要依靠较高回报的投资。企业中自然会有理财投资的专业人才，实施企业年金可以把公司所有员工累积的企业年金资产交由公司内部的专业人士管理，既有将资金集中产生规模经济的效应，使公司的年金资产物尽其用，又可以让专业人员进行投资判断，使公司内部的员工人尽其才。一个公司是否可以让员工发挥其才能是对公司进行评判的重要标准。公司实施企业年金等于是多了一个让企业内部的理财投资专家施展才能的机会，也会在无形中增加就业岗位，推动整个社会的经济良性循环。现在越来越多的国家银行是负利率，就是想要鼓励企业和个人把资金投入市场充分利用，企业年金的实施可以让公司内部的理财投资专家有更多的资产可以运用，使尽可能多的资产流入

市场运作之中,不至于让资金闲置。

在现代金融体系中,单由个人进行投资绝不是一件容易的事情,需要极高的专业知识以及时间、精力。实施企业年金正好可以解决此问题,企业年金把整个企业的年金资产及人力资源融为一个整体,通过专业化的管理使员工在年金资产累积方面利益最大化。在公司通过其专业人员管理企业年金时,也把整个公司的所有人变为一个利益共同体,在不知不觉中增加公司的凝聚力。

五、使企业吸引高素质人才

上述四个方面企业年金的优点,对企业来说主要是可以获得间接的益处,企业年金对企业来说最为直接的益处便是可以为企业吸引到高素质人才以及企业所需要的特殊人才,使企业可以在最短的时间内提高经营利润。这里的“吸引”二字,既有“进攻”的含义,也有“防守”的含义。既可以为企业争取到其他公司的优秀的人才,也可以为企业留住重要的人才。

这里需要强调的是,企业年金对于公司招纳其他公司的优秀人才以及使本公司所需要的人才安心工作的作用并不是可以脱离其他条件单独存在的。也就是说,至少在企业的经营水平及业界评价相等的公司之间,企业年金的实施状况才会决定人才的流向。企业之间的人员流动大多发生在同等层次的公司之间,因此,如果一个企业想要从其竞争对手那里获取人才或者想要挽留住人才的话,完善企业年金制度对提高公司的整体魅力是十分必要的。

第九章

企业年金治理理论

第一节　企业年金的设立

在研究企业年金治理理论的时候，首先应该明确在企业年金设立之初，究竟应当由哪方率先表示设立企业年金的意向，也就是企业年金在理论上究竟应当由劳动者一方发起，还是应当由企业一方发起。

根据日本的企业年金相关法律的规定，企业年金应当由劳动者和企业共同达成协议而实施。但是，如果是达成协议，肯定是由一方倡导而另一方响应，很难想象双方同时心照不宣，想法不谋而合，从而达成协议。仔细分析企业年金制度中的主要权利和义务的话，会发现由于企业年金是公司对员工长年劳动的回报，所以，企业年金制度中的主要任务是由公司所承担的，实施企业年金这一提案应当由公司率先提出。而在英美法制度中有“制度倡导者”[①]这一概念，企业相关的诸多制度理论上应该由公司率先倡导。

上述说明是从学理角度进行的论证，在日本的法律条文并没有明确规定。从立法角度上来说，法律条文需要有严谨性，很难对很多具体细节进行规定，这时就需要通过对法律的解释来

---

① 英语中被称为：plan sponsor。对应的汉语名称由笔者提出。

明确含义。因此,可以通过对企业年金相关法律体系的解读来解决究竟应该由企业还是由劳动者倡导企业年金制度的问题。企业年金相关法律体系中规定的关于企业年金的主要义务都是针对企业方的,所以,日本学界的主流观点认为应当由公司方率先向劳动者提出实施企业年金,在实务中也承认了此种观点。率先提出实施企业年金不代表在企业年金设立之时就掌握了主动权,这里的“率先提出”以及“倡导”是一种很重大的义务,也就是只要说出口了就不得反悔。劳动者自然也可以建议公司实施企业年金,但是这仅仅是“建议”,劳动者即使向公司开口要求实施企业年金,也不会承担任何责任及义务。相反,一旦企业方提出了实施企业年金,则该企业必须向劳动者实施日本法律规定的企业年金制度,若之后该企业的行为与当初承诺的内容不同的话,将承担对劳动者的法律责任。

在企业方决定实施企业年金制度之后,会决定企业年金制度实施的具体形态。公司如果希望在公司内部实施企业年金并想要提高年金资产管理的效率的话,将会通过本公司和第三方机构签订投资委托合同的方式实施企业年金。如果希望将企业年金的运营管理的权限从本公司完全独立出去,并且希望和其他企业一起进行年金资产的投资的话,会在本公司之外另外设立一个年金基金法人,由年金基金法人全权负责各个企业投放在该基金的所有年金资金。虽然年金基金法人是由企业法人设立的,但是,由于年金基金法人和原先的企业法人在公司法上属于不同的法人,各自独立,因此,年金基金法人拥有独立的决策权以及人事决定权等。正因为原先的企业法人和年金基金法人是不同的法人，所以，由投放年金资金在该年金基金的各个企业的员工出任年金基金法人的监事以保障年金资产运营管理的合法实施。

第二节　企业年金的制度对象

企业年金的实施对象可以覆盖所有员工，也可以只包括部分员工。用人单位可以根据本公司的具体状况来决定企业年金制度的适用对象的范围。在日本企业年金的相关法律、法规中对企业年金的加入者以及制度适用对象有着明确的规定。《给付额确定年金法》、《缴付额确定年金法》、《劳动基准法》等法律中规定了企业相关的某些劳动者不得加入企业年金，也对企业限制员工加入企业年金的相关情形做出了规定。

在企业年金制度中，只有与企业有雇用法律关系的员工才可能加入企业年金。这里的雇用法律关系会通过《日本劳动基准法》中关于“劳动者”的定义来进行解释[①]，根据与公司之间是否有“使用从属性”来判断相关人员是否为与企业有雇佣关系的劳动者，而“使用从属性”主要从是否在用人单位的监督之下进行劳动，以及是否被支付劳动对价来进行判断[②]。

---

① 参照《日本劳动基准法》第 9 条。

② 参照日本最高裁判所判决，平成 8 年(1996 年)11 月 28 日，《判例时报》第 1589 号，第 136 页。

给付额确定年金和缴付额确定年金是众多企业年金制度最主要的两种。根据《给付额确定年金法》和《缴付额确定年金法》的规定，只有符合《日本厚生年金保险法》中被保险人资格的人员（《厚生年金保险法》中的被保险人资格如本书上文所述），以及日本私立学校教职员共济制度的加入者才可以加入给付额确定年金和缴付额确定年金[①]。

由于企业年金是企业自主实施的年金制度，企业可以对企业内加入企业年金的人员做出一定的限制。根据实务中的做法，如果企业限定工龄5年以上的员工或者企业的正式员工[②]才可以加入企业年金，一般认为此种做法并不违法。公司需要将限定企业年金加入对象的相关合理理由向所有员工仔细说明以保证所有员工的知情权及提出异议的权利。很多情况下，虽然公司认为限定企业年金加入对象的理由合理，但是可能很多员工并不这么认为，他们需要寻求工会的帮助，这时候掌握确切的信息就很必要，虽然公司制度规定工龄5年以上的员工或者正式员工为企业年金的加入对象并不违法，但是为了平衡劳资双方的利益，所有劳动者都有权利获得相关的信息。

如果是原本就不属于法律规定的企业年金实施对象的相关人员是否有权利获得企业年金制度，这在学界及实务界有争论。按照传统观念，如果该员工本身就不属于法律规定的企业年金

---

① 参照《日本给付额确定年金法》第2条第3款、第25条第1款；《日本缴付额确定年金法》第2条第6款、第9条第1款；《日本私立学校教职员共济法》第14条第1款。

② 日语中称：正社員（せいしゃいん），是指非临时员工，与公司签有长期劳动合同，享受公司相关福利待遇的员工。

实施对象,比如,从事季节性工作的临时工等,由于一开始就因明确的法律规定而被排斥在企业年金体系之外,其应该是没有权利对公司提出关于企业年金的相关要求的。但是,笔者认为,即使是被法律明文排斥在企业年金体系之外的劳动者对企业年金制度也有一定程度的隐性期待利益。从事季节性工作的临时工可能会因为工作单位实施了企业年金制度而努力成为该企业的正式员工,如果完全对企业年金制度的实施情况不知情则很有可能影响该员工今后在该企业工作的意愿,当公司的人事部门和其协商工作期间及工作形态的时候,很可能做出不同的回答。因此,公司对不属于法律规定的企业年金实施对象的员工也应该努力使其获得正确的企业年金相关的信息。当然,这里对企业来说,说到底只是努力义务,也就是只有在相关员工的实际损害发生时,企业才有可能承担损害赔偿责任。在实务中,企业因为对不属于法律规定的企业年金实施对象的员工没有履行说明企业年金相关信息的努力义务而承担损害赔偿责任的情况可谓极难发生。

对日本企业来说,有《雇用机会均等法》以及《劳动基准法》的制约,即使是对企业年金的实施对象进行限定也不能做出一些歧视性的限制。比如,如果一家日本企业规定:只有具有日本国籍的员工才可以加入该企业的年金制度,这就是明显的不合理规定。日本学界将很多对非正式员工的限制都看作为合理,但是,笔者认为,企业限定正式员工为企业年金实施对象的做法也有可能涉嫌歧视。一般认为,如果根据员工对企业所做出的贡献的大小来决定其是否可以加入企业年金制度是具有合理性的。但是,正式员工不一定比非正式员工对企业做出更大的贡献,对非正式员工在企业年金方面做出限制确实有商榷的余地。日本社会普遍认为由于非正式员工具有工作时间上的不确定性,在很多方面理所应当受到限制,这其实是一种观念上的偏见。日本社会的观念最近也在慢慢改变,越来越多的非正式员工可以享受奖金以及年假,但是,企业年金对一家公司来说具有长期性较大的负担,很多公司对企业年金的实施对象还是进行了严格的限制。

从法律条文规定的角度来看,给付额确定企业年金的可加入对象即为厚生年金的被保险人或私学共济的加入者[①]。根据公司的规定,可以对相关人员加入给付额确定年金实习一定的限制[②]。但是,此类限制只能参照各种企业年金制度的规定进行具有合理性的差别对待,而不能实行不合理的歧视[③]。各种企业年金制度指的是,日本厚生年金基金制度、给付额确定年金制度、缴付额确定年金制度等企业年金制度[④]。关于具有合理性的差别对待的具体规定如下[⑤]。

一、职种

企业可以规定只让属于个别职种的员工加入企业年金。这里的职业种类大体可以分为:从事事务性工作的人员、从事研

① 参照《日本给付额确定年金法》第25条第1款。
② 参照《日本给付额确定年金法》第4条第4项、第25条第2款。
③ 参照《日本给付额确定年金法》第5条第1款第2项。
④ 参照《日本给付额确定年金法施行令》第3条。
⑤ 参照日本平成14年(2002年)3月29日发0329008号文件。

究工作的人员等。对于不同职种的员工规定不同的劳动条件在法律层面上允许的。

二、工龄

企业可以规定只有工龄在一定年限以上的员工才可以加入该公司的企业年金。但是,根据相关法律规定,不得以工龄为理由,将工龄在5年以上的员工排除在企业年金制度以外,也就是说,如果公司制定加入企业年金的工龄相关规定,只可以对工龄不满5年的员工进行限制。这里也不是说工龄在5年以上的员工就一定可以加入企业年金制度,公司可以通过其他理由,比如,上面提到的职种对其进行限制。

三、年龄

公司在企业年金制度中对年龄做出限制也是正当的差别事由。由于20多岁刚入公司的员工往往离职率很高,公司可以对其在企业年金方面做出合理的限制。如果是接近60岁才入职公司的员工的话,一般在公司工作几年就会退休,此时,如让其加入企业年金制度的话,对公司的负担将会很高,因此,公司对大龄员工也可以做出一定的合理限制。但是,根据相关法律规定,公司对30岁以上未满50岁的员工不得以年龄为理由限制其加入企业年金制度。

四、是否希望加入企业年金制度

企业可以在实施企业年金制度之前,在全公司范围做一个是否希望加入企业年金制度的调查。可以只对在该调查中填写希望加入企业年金制度的员工实施企业年金制度。

根据相关法律的解释，公司可以因职种、工龄、年龄对员工加入企业年金做出一定的限制，但是，在此情况下，公司必须采取一定的代替措施来保障员工退休后的生活来源。因为公司已经实施了企业年金制度，该措施主要是为了弥补那些被限制加入企业年金制度的员工的利益损失，以达到对公司内所有员工的平衡效果。一般来说，如果因职种、工龄、年龄限制一些员工加入企业年金的话，公司会通过支付退休金的方式来保障这些员工退休后的生活。

而且，需要说明的是，一个公司可以同时实施多种企业年金，如给付额确定企业年金、缴付额确定企业年金，等等。公司需要为每个企业年金制度制定规则，职种、工龄、年龄虽为合理差别的理由，但是，实施多个企业年金的公司往往会为了员工之间的利益平衡，在不同的企业年金制度中规定不同的差别理由。

关于缴付额确定年金的制度实施对象与给付额确定年金的相关规则基本相同，这里为了保持本书说明的完整性，本书下文将再次对缴付额确定年金制度的实施对象进行论述。

关于缴付额确定年金制度的加入对象为被用者年金的被保险人①。但是，公司可以通过规约的形式，拒绝不满足某些条件的被保险人加入缴付额享受年金制度②。由于缴付额确定年金也是企业自主实施的年金制度，企业自然可以根据企业的经营

---

① 参照《日本缴付额确定年金法》第 9 条第 1 款。
② 参照《日本缴付额确定年金法》第 3 条第 3 款第 6 项、第 9 条第 2 款。

状况对企业内加入缴付额确定年金的人员做出一定的限制。但是，此类限制只能参照各种企业年金制度以及退休补贴制度的规定进行具有合理性的差别对待，而不能实行不合理的歧视①。各种企业年金制度指的是，日本厚生年金基金制度、给付额确定年金制度等企业年金制度②。退休补贴制度包括各种提前支付形式的退休金制度③。关于具有合理性的差别对待的具体规定与上述给付额确定年金的相关规定相同④，分为以下四类情况。

1. 职种
2. 工龄
3. 年龄
4. 是否希望加入企业年金制度

第三节　企业年金的劳资协商

企业年金虽然理论上来说是对员工的一种福利，但是，实施企业年金制度需要投入资金，很可能会对公司的正常经营状况产生影响，所以，用人单位在实施企业年金制度的时候需要征得员工的同意。这里的同意是指，用人单位需要征得员工个人的

① 参照《日本缴付额确定年金法》第 4 条第 1 款第 2 项。

② 参照《日本缴付额确定年金法》第 4 条第 1 款第 2 项；《缴付额确定年金法施行令》第 4 条。

③ 参照 2001 年 8 月 21 日年发 213 号文件。

④ 参照 2001 年 8 月 21 日年发 213 号文件。

同意以及征得工会的同意。也就是说，员工或者工会有拒绝实施企业年金制度的权利。

实施企业年金需要征得员工个人的同意，但并不是说需要获得所有员工的同意。一个组织之中总会有不同的声音，如果需要获得所有员工的同意的话，那可能没有一个公司能够实施企业年金制度。只要获得一定比例以上员工的同意，即可实施企业年金。

另外，实施企业年金制度需要取得工会的同意。工会需要由该企业的所有劳动者的过半数组成。需要注意的是，这里工会的总人数必须要超过总劳动者人数的一半，这里的用语是“超过”而不是“以上”，也就是说，组成工会的总人数必须要多于剩余劳动者的人数，相同也不行。如果该企业没有由过半数劳动者组成的工会的话，则需要选出过半数劳动者的代表。该过半数劳动者的代表的选任在原则上需要满足下列所有条件[①]。

1. 过半数劳动者的代表不是该企业的管理监督人[②]。

2. 通过投票、选举等公开的方式选出。

但是，如果该企业不存在管理监督人这类管理职位的人员的话，则只需要满足第 2 个条件即可[③]。此外，从理论上来说，该企业的法定代表人代表的是整个企业。虽然在日本的法律上没有明文规定法定代表人不得担任过半数劳动者的代表，在以

① 参照《日本给付额确定年金法施行规则》第 3 条第 1 款；《日本缴付额确定年金法施行规则》第 2 条第 1 款。

② 参照《日本劳动基准法》第 41 条第 2 项。

③ 参照《日本给付额确定年金法施行规则》第 3 条第 2 款；《日本缴付额确定年金法施行规则》第 2 条第 2 款。

不会造成利益冲突为前提的条件下，法定代表人可以担任过半数劳动者的代表[①]。但是从理论上来说，法定代表人首先应当维护所有劳动者的利益，然后其作为过半数劳动者的代表，又要维护这一部分劳动者在设立企业年金制度方面的利益，这极容易造成利益冲突。笔者认为，员工之间必然存在利益冲突，要设立企业年金制度，肯定会损害部分人的利益，这时候只有通过少数服从多数这一原则来决定是否实施企业年金制度、怎样实施企业年金制度。也就是说，通过满足大多数的利益来达到公司整体的利益最大化。从这个理论上来说，法定代表人作为过半数劳动者的代表，其代表行为很容易损害剩余劳动者的利益，而这又与其作为整个企业的法定代表人这一身份是不相符合的。因此，在实施企业年金时，法定代表人作为过半数劳动者的代表极可能造成利益冲突，今后可以考虑以法律条文形式明文对此行为加以禁止。

在上文中已经提到过了，实施企业年金制度很难获得所有员工的同意，但是，作为企业方必须听取员工方的意见。此时不太可能一一听取所有员工的意见，其实从实务操作角度上来说，听取工会的意见或者过半数劳动者的代表的意见是比较可行的[②]。从公司经营的角度上来说，应尽量在满足更多人利益以及减少成本的前提下，来追求公司利益的最大化。在关于企业年金的劳资协商方面，日本的现行法律制度采取了以最小手续

① 参照《日本给付额确定年金法施行规则》第 3 条第 3 款；《日本缴付额确定年金法施行规则》第 2 条第 3 款。

② 参照《日本劳动基准法》第 89 条；《劳动基准法施行规则》第 6 条之 2。

成本来保证所有员工的利益这一理念。

第四节　公司制度中关于企业年金的规定事项

日本的企业在实施企业年金时，需要制定《年金规约》[①]或者《年金规程》[②]。根据日本的法律规定，在《年金规约》或者《年金规程》中必须记载的以下事项：

关于实施厚生年金基金制度的企业，在劳资双方达成协议之后，需要制作规约或年金规程，并获得日本厚生劳动大臣的认可[③]。设立厚生年金基金制度时，由用人单位制作规约或年金规程。但一旦设立了厚生年金基金，如要变更相关规约或年金规程或者其他权限，须由厚生年金基金的代议员会行使，此时用人单位不得插手相关事务。

《厚生年金基金制度的规约》或《年金规程》必须包含下列内容[④]：

1. 基金的名称、事务所的所在地、设立基金的事业所的名称及所在地。

2. 代议员及代议员会的相关事项。

---

① 日语原文为：規約（きやく）。

② 日语原文为：年金規程（ねんきんきてい）。

③ 参照《日本厚生年金保险法》第111条第1款。

④ 参照《日本厚生年金保险法》第115条。

3. 董事相关事项。

4. 加入人员的相关事项。

5. 标准工资的相关事项。

6. 年金给付的相关事项。

7. 关于年金累积资产的管理及运用的合同的相关事项。

8. 年金资产累积金额及负担情况的相关事项。

9. 事业年度及其他财务情况的相关事项。

10. 解散及清算的相关事项。

11. 业务委托的相关事项。

12. 公告的相关事项。

13. 其他组织及业务相关的重要事项。

关于规约型给付额确定年金制度的实施，在劳资双方达成协议之后，需要制作规约或年金规程，并获得日本厚生劳动大臣的承认①。《规约型给付额确定年金制度的规约》或《年金规程》必须包含下列内容②：

1. 用人单位的名称及住所，事业所的名称及所在地。

2. 年金累积资产的管理、运用合同的对方（资产管理运用机关）的名称及住所，投资合同的对方（合同投资顾问业者）的名称及住所。

3. 加入制度的资格。

4. 年金给付的种类、受给付要件、计算方法、给付的方法。

5. 年金资产累积金额的相关事项。

---

① 参照《日本给付额确定年金法》第 3 条第 1 款第 1 项。

② 参照《日本给付额确定年金法》第 4 条。

6. 制度的终止及清算的相关事项。

7. 资产管理运用合同的相关事项。

8. 年金给付相关的权利、义务移转的相关事项。

9. 年金给付的支付及未收账款的计算等外部业务委托合同的相关事项。

10. 负担事务费的相关事项。

关于基金型给付额确定年金制度的实施，在劳资双方达成协议之后，需要制作规约或年金规程，并获得日本厚生劳动大臣的认可①。与厚生年金基金制度相同，基金型给付额确定年金制度在其制度开始阶段由用人单位制作规约或年金规程，但一旦设立了企业年金基金，如要变更相关规约或年金规程或者其他权限，须由企业年金基金的代议员会行使，此时，用人单位不得插手相关事务②。

《基金型给付额确定年金制度的规约》或《年金规程》必须包含下列内容③：

1. 基金的名称、事务所所在地、事业所的名称及所在地。

2. 加入制度的资格。

3. 年金给付的种类、受给付要件、计算方法、给付的方法。

4. 年金资产累积金额的相关事项。

5. 事业年度及其他财务情况的相关事项。

6. 代议员及代议员会的相关事项。

---

① 参照《日本给付额确定年金法》第3条第1款第2项。
② 参照《日本给付额确定年金法》第19条。
③ 参照《日本给付额确定年金法》第11条。

7. 董事的相关事项。

8. 解散及清算的相关事项。

9. 公告的相关事项。

10. 基金的年金累积资产运用合同的相关事项。

11. 年金给付的支付及未收账款的计算等外部业务委托合同的相关事项。

12. 基金的加入人员的福利事业的相关事项。

13. 年金给付相关权利、义务转移的相关事项。

14. 事务费负担的相关事项。

15. 基金职员的相关事项。

关于缴付额确定年金制度的实施，在劳资双方达成协议之后，需要制作规约或年金规程，并获得日本厚生劳动大臣的承认①。《缴付额确定年金制度的规约》或《年金规程》必须包含下列内容②：

1. 事业主的名称及住所、实施事业所的名称及所在地。

2. 事业主进行的运营管理业务。

3. 事业主委托进行运营管理业务时，委托对象企业的缴付额确定年金运营管理机关的名称和住所，以及进行的业务。

4. 资产管理机关的名称及住所。

5. 加入制度的资格。

6. 事业主的未收账款的金额的计算方法的相关事项。

7. 资金运用方法及关于运用的指示的相关事项。

---

① 参照《日本缴付额确定年金法》第 3 条第 1 款。
② 参照《日本缴付额确定年金法》第 3 条第 3 款。

8. 企业型年金的给付金额以及给付方式的相关事项。

9. 工作未满3年的员工管理资产中相当于事业主未收账款的部分,如有部分需向事业主返还,其返还金额的情况。

10. 关于企业型年金实施的事务费用负担的相关事项。

11. 运营管理业务委托合同的相关事项。

12. 资产管理合同的相关事项。

13. 向加入人员提供资产运用相关的资料及其他措施。

14. 从其他企业年金制度的资产转换的相关事项。

15. 事业年度的相关事项。

如果仔细阅读上述表述,会发现行政机关对企业年金的行政行为可以分为"认可"和"承认"。厚生年金基金和基金型给付额在确定年金制度实施时,以及进行相关规约或年金规程变更时(除去轻微变更),需要取得日本厚生劳动大臣的认可①。而与此相对的是,规约型给付额确定年金制度和缴付额确定年金制度实施时,以及进行相关规约或年金规程变更时,需要取得日本厚生劳动大臣的承认②。

厚生年金基金和基金型给付额确定年金制度实施时需要取得行政机关的"认可",而规约型给付额确定年金制度和缴付额确定年金制度实施时则需要取得行政机关的"承认",之所以有此区别,是因为关于获得行政机关的认可和承认在法律行为发生效力的要件方面有所不同。

---

① 参照《日本厚生年金保险法》第113条、第115条;《日本给付额确定年金法》第13条、第16条。

② 参照《日本给付额确定年金法》第3条、第6条;《日本缴付额确定年金法》第3条、第5条。

在税收方面，无论是行政机关的认可还是承认都是取得税收优惠政策的条件之一。而在私法方面，在日本，如果企业年金制度没有取得行政机关的认可则在私法上无效，因此，厚生年金基金和基金型给付额确定年金制度在规约或年金规程变更时，除去轻微变更，必须取得厚生劳动大臣的认可，否则，将不产生效力。也就是说，没有被行政机关认可的规约或年金规程将不能对企业年金的加入者产生约束效果。

与此相对，规约型给付额确定年金制度和缴付额确定年金制度的规约或年金规程即使没有取得行政机关的承认，也不妨碍其发生私法上的效力。也就是说，未被行政机关承认的规约或年金规程也可以对企业年金的加入者发生私法上效力。行政机关的承认主要起增加企业年金相关合同的确定性和可信性的作用。

拥有 10 名以上员工的用人单位在制度退休制度时，必须将退休制度的相关内容写入就业规则中，并向日本劳动基准监督署备案[①]。其内容包括：适用退休制度的员工以及决定给付金额的相关要素（工作年数、退休事由等）、给付的支付方式、减少给付金额的事由等。如果用人单位违反备案相关的规定将被日本劳动基准法处罚[②]。

根据上述规定，如果用人单位实施的企业年金制度属于公司退休制度中的一种的话，则必须在就业规则中制定相关规定。在实务中，因为涉及第三方，厚生年金基金和基金型给付额确定

---

① 参照《日本劳动基准法》第 89 条。
② 参照《日本劳动基准法》第 120 条。

年金等外部基金型企业年金的内容一般不写入就业规则中。而其他企业年金制度一般都会写入就业规则中，需要进行备案。

第五节　企业年金制度的变更

本节所叙述的企业年金制度的变更主要指对企业年金的加入者（劳动者）的非利益性变更。简单而言，就是企业对其所承诺的企业年金的相关义务做出变更时，需要平衡劳资双方的利益。在企业年金制度变更方面，日本的厚生年金基金和给付额确定年金制度有其特定的规定，本书下文将从厚生年金基金和给付额确定年金制度开始对企业年金制度的变更要件进行讨论。

关于厚生年金基金制度的变更，需要经过厚生年金基金的代议员会的决议通过，并且必须取得日本厚生劳动省的认可[①]。如果要进行年金给付减额的话，需要另行增加条件[②]，相关厚生年金基金的给付减额的情形如下：

1. 设立厚生年金基金的企业的年金相关协议发生变更，基于该变更需要变更基金的给付设计。

2. 设立厚生年金基金的企业的经营状况发生显著恶化的情况。

---

① 参照《日本厚生年金保险法》第115条第2款、第118条第1款第1项。

② 参照《日本厚生年金基金设立认可基准》3－7。

3. 根据现行的年金给付水准及给付设计难以维持年金财政，不得不对年金给付设计进行变更。

4. 厚生年金基金发生合并或权利、义务的继承等情况。

5. 由于准备向缴付额确定年金制度移转而需要降低给付额水准。

在上述减少年金给付的情形中，还需要劳资双方的协议。也就是说，在年金给付减额时，需要取得厚生年金基金设立事业所的所有该年金基金加入人员的 2/3 以上的同意。如果相关企业由该年金基金加入人员的 1/3 以上人员组成的工会的话，还需取得该工会的同意。但是，如果该工会拥有该年金基金加入人员的 2/3 以上的人员的话，如取得该工会的同意，即视为取得厚生年金基金设立事业所的所有该年金基金加入人员的 2/3 以上的同意①。

关于给付减额的具体金额也有一定的限制，理论上，只可以对厚生年金基金给付设计变更之日往后的时段进行给付减额，而不得对厚生年金基金给付设计变更之日前相对应的企业年金份额进行减额。也就是说，一般而言，厚生年金基金给付减额不得溯及既往。但是，此规定也有例外，如果用人单位向员工详细说明了厚生年金基金给付减额的事由，并取得了员工的同意的话，可以对给付设计变更之日前相对应的企业年金份额进行非利益性变更②。

笔者认为，员工之所以会同意用人单位对给付设计变更之

① 参照《日本厚生年金基金设立认可基准》3－7(3)。
② 参照《日本厚生年金基金设立认可基准》3－7(4)。

日前相对应的企业年金份额进行非利益性变更，是因为如果企业在年金财政方面负担太重，很可能导致整个企业资金链断裂，从而致使所有员工将无法在年老时获得企业年金。员工在做出此判断时，需要企业提供相应的确切信息，而且必须保证投票时的公正性及公开性。企业应当向员工具体说明年金财政状况以及企业整体的财政状况，向员工披露财政数据，以保证员工可以做出符合其内心真实意愿的判断。早稻田大学在向员工说明年金财政状况时，由于没有披露具体的数据，而且在设置投票选项时，在“同意”和“不同意”这两个选项之外，还设置了“听从大多数人的意见”这一选项，故强行使员工的同意比例达到 2/3。这就是明显地在企业年金给付制度变更时，企业没有尽到其应尽的义务。按理来说，企业年金是私法上的权利、义务的关系，给付设计变更之日前相对应的企业年金份额在没有劳资双方同意的情况下是不得进行变更的。如果企业在没有向员工披露真实信息的情况下，使员工误以为整个企业的经营会发生困难，而对企业年金减额投了同意票，即使企业在企业年金减额方面获得了 2/3 以上的同意票，也有可能被视为无效。

关于给付额确定年金制度的给付变更，需要通过对规约或年金规程进行变更的形式进行。规约型给付额确定年金制度的变更必须在获得过半数代表同意的基础上，取得日本厚生劳动大臣的承认①。而基金型给付额确定年金制度的变更需要获得代议员会的决议通过，并取得日本厚生劳动大臣的认可②。

---

① 参照《日本给付额确定年金法》第 6 条第 1 款。

② 参照《日本给付额确定年金法》第 16 条第 1 款、第 19 条第 1 款。

在减少给付额确定年金制度的给付金额时，需要对年金规约或年金规程的相关内容进行变更申请[①]，变更理由如下[②]：

1. 根据劳动合同等的变更，需要对企业年金给付设计进行调整[③]。

2. 随着经营状况的恶化，不得不对年金给付进行减额[④]。

3. 如不进行年金给付减额，用人单位需要累积的年金资产将会大幅度上涨，从而不得不进行给付减额[⑤]。

4. 其他规约型给付额确定年金制度的吸收、合并或者由于从基金型给付额确定年金制度向规约型给付额确定年金制度移转等情形，而使企业年金给付减额的情况[⑥]。

5. 从给付额确定年金制度向缴付额确定年金制度移转时进行年金给付减额[⑦]。

关于规约或年金规程的变更手续如下所示[⑧]：

1. 关于规约的变更，需要由相关企业年金的加入人员 1/3 以上人员组成的工会同意。

2. 关于规约的变更，需要相关企业年金加入人员的 2/3 以上同意。

如果只是对一部分员工进行年金给付减额的话，应当将

---

① 参照《日本给付额确定年金法》第 5 条第 1 款第 5 项、第 12 条第 1 款第 7 项；《给付额确定年金法施行令》第 4 条、第 7 条。

② 参照《日本给付额确定年金法施行规则》第 5 条、第 12 条。

③ 参照《日本给付额确定年金法施行规则》第 5 条第 1 项。

④ 参照《日本给付额确定年金法施行规则》第 5 条第 2 项。

⑤ 参照《日本给付额确定年金法施行规则》第 5 条第 3 项。

⑥ 参照《日本给付额确定年金法施行规则》第 5 条第 4 项。

⑦ 参照《日本给付额确定年金法施行规则》第 5 条第 5 项。

⑧ 参照《日本给付额确定年金法施行规则》第 6 条第 1 款第 1 项、第 13 条。

上述“企业年金的加入人员”替换为“被进行年金给付减额的人员”①。

第六节　企业年金制度中关于劳动条件变更规则的理论

上节主要论述了企业年金制度的非利益性变更，说明了对企业年金制度进行变更时需要满足的相关法律法规中的要件。但是，由于企业年金制度是一种偏向私法上的规范，在日本的现行法律体系及实务处理过程中不仅需要符合相关法律法规的要件，也需要符合劳动条件变更规则的相关理论。也就是说，由于内部保留型的企业年金制度是用人单位和劳动者之间关于劳动条件的协议，所以，关于企业年金制度的非利益性变更可以适用劳动条件变更规则的理论构成以及可以引用相关判例。而外部型的企业年金制度涉及较多的法律关系，本节就内部保留型企业年金制度的变更进行讨论。

所谓内部保留型企业年金制度，即以企业内部的就业规则为根据实施的企业年金制度。如果用人单位对就业规则进行变更，则企业年金的给付规则也会被修改，此时往往会对劳动者造成非利益性影响。日本就业规则是由用人单位制作的②，如果

① 参照《日本给付额确定年金法施行规则》第6条第2款。
② 参照《日本劳动基准法》第89条。

用人单位通过对就业规则的修改而变更了企业年金的给付规则，则须对此行为进行一定的限制。也就是说，企业需要保证就业规则的修改具有合理性。如果就业规则的变更具有合理性则对包括反对者在内的所有员工拥有拘束力；若无合理性，则并不当然拥有约束力[①]。而就业规则变更的合理性如产生争议(一般由劳动者将用人单位诉至法院)，日本法院一般会根据下列各项内容进行综合判断[②]：

1. 就业规则变更的必要性。
2. 劳动者所承受的非利益性负担的程度。
3. 进行非利益性变更后的相关补偿措施。
4. 用人单位和劳动者协商的过程。
5. 相关就业规则变更的具体内容及变更幅度。
6. 企业内其他劳动者(就业规则变更覆盖范围之外的劳动者)的反应。
7. 工会的意见及反应。
8. 社会大众对类似情形的评价。

从上述八类在变更就业规则时需要考虑的各项内容中可以看出，对就业规则进行利益变更时取得劳资双方都可以接受的一个结果至关重要。我们可以将上述各项内容的判断标准简单归纳为：需在通过劳资双方的平等、自愿的交涉等程序的前提下，取得一个能够平衡各方利益的实体方案后，方可对就业规则

① 参照日本最高裁判所判决，昭和 43 年(1968 年)12 月 25 日，《民事判例集》第 22 卷第 13 号，第 3459 页。

② 参照日本最高裁判所判决，平成 9 年(1997 年)2 月 28 日，《劳动判例集》第 710 号，第 12 页。

进行变更。

在讨论关于就业规则变更的交涉时，需要对当时进行变更的必要性进行分析[①]，这项工作在实务中相当复杂，并且也需要对个别群体的利益得失进行分析[②]。对个别群体的利益得失进行分析是指，如就业规则被进行非利益性变更，将会对一部分员工会造成特别显著的损失，则该变更可能被判断为缺乏合理性。例如，如果对就业规则中进行变更从而导致从事事务性工作的人员（如前台等）在企业年金方面的利益遭受巨大损失，即使该方案获得了大多数员工的支持，也可能被认为是缺乏合理性及公平性。

各方交涉时关于合理性和公平性产生的问题，笔者认为，此问题无法通过法律条文来解释，只能由法官通过自由心论及其深厚的法学素养来进行判断。在双方谈判交涉时，需要达到的目的是双方都满意的实质上的公平，而不是形式上的公平。

如果拿分桔子这一情形举例，如果问众位法律人如何公平地在两个人之间分一个桔子，相信绝大多数法律人都会做出"切桔子的人后拿"这一标准回答。但是，笔者认为，如果机械地认为此答案即为合理、公平，反而可能会造成实质上的不公平，并且造成不必要的手续成本的支出。其实，"各取所需"才是最优的结果，假设如果有一方需要桔子皮，而另一方需要桔肉，双方各取所需，才是真正意义上的实质公平。同样，在就业规则变更的交涉中，只有满足劳资双方的需求，相关非利益性变更在各方

① 参照日本最高裁判所判决，平成4年（1992年）7月13日，《判例时报》第1434号，第133页。

② 参照日本最高裁判所判决，平成12年（2000年）9月7日，《民事判例集》第54卷7号，第2075页。

都能接受的范围内,这样的变更才具有合理性。此时如产生争议,只有依赖具有丰富阅历的法官对此加以判断。

第七节　企业年金制度中关于非利益性变更判例法理

企业年金制度分为内部方式和外部方式。在讨论企业年金制度中关于非利益性变更法理时,需要将内部方式的年金制度和外部方式的企业年金制度分开讨论。

首先,分析内部方式的企业年金制度。所谓内部方式的企业年金制度,即用人单位和劳动者之间通过就业规则或劳动协约来规定企业年金等退休制度。由于完全是企业内部的协议,内部方式的企业年金制度类似于同一企业内劳资双方互相协商决定的劳动条件,所以,对内部方式的企业年金制度可以适用劳动条件的非利益性变更判例法理①。

关于外部方式的企业年金制度需要根据其实施主体的不同进行分别讨论。如果企业年金的实施主体是用人单位的话,即便是外部方式的企业年金制度,其仍然以规约或者年金规程为根据,因此,以用人单位为实施主体的企业年金制度仍旧适用劳动条件的非利益性变更法理。

---

① 参照日本东京地方裁判所判决,昭和 51 年(1976 年)7 月 15 日,《判例时报》第 848 号,第 87 页。

而如果外部方式的企业年金的实施主体是基金（如厚生年金基金和基金型给付额确定年金）的话，制度的运营主体为外部年金基金，与用人单位是两个不同的相互独立的法人。关于基金的协议不包含在规约或者年金规程之内，通过基金的年金给付独立于劳动合同之外，基金法人和劳动者之间会在劳动合同之外再订立一份关于年金的协议。因此，以外部年金基金为实施主体的企业年金制度不直接适用劳动条件的非利益性变更法理。

综上所述，日本企业年金制度中关于非利益性变更法理可以归纳为：以用人单位和劳动者之间的规约或年金规程为依据的企业年金制度直接适用劳动条件的非利益性变更法理，而如果有外部关于企业年金制度的协议，则不直接适用劳动条件的非利益性变更法理。但是，笔者认为对于以外部年金基金为实施主体的企业年金制度（另有关于年金制度的协议），为防止其做出非常不利于劳动者的变更，在发生争议时，虽然不能直接适用劳动条件的非利益性变更法理，但是，法官可以在一定程度上对此法理进行类推适用。

本节和上节都提到了企业年金制度中关于劳动条件的变更规则和企业年金制度中关于劳动条件的非利益性变更法理，二者都是制约任意变更年金制度的行为法理，但其区别在于，对于劳动条件的变更规则主要采取事先审查基准，需要取得行政部门的事先承认或认可。但是，对于劳动条件的非利益性变更法理主要采取事后审查基准，劳动者只有在被进行了非利益性变更且从企业退职之后才可以将此争议提上法院，因为毕竟是“法理”，在劳动者没有退职之前，关于劳资双方的企业年金还没有形成权利、义务时，法院很难通过劳动条件的非利益性变更法理来确认劳动者在企业年金制度上的地位[①②]。

美国的《雇员退休收入保障法案》(ERISA)，(以下简称《ERISA法》)囊括了企业年金制度在内的员工退休后的保障制度。《ERISA法》在企业年金制度方面的基本理念就是完全不认可任何相对于劳动者过去劳动份额的企业年金金额的变更，也就是说，在《ERISA法》体系中只可以面向未来对企业年金的相关内容进行变更，不得对过去份额进行变更，即必须保护既得权。这和日本现行关于企业年金制度的法律体系完全不同。日本在现行法律体系中并没有将过去和将来的企业年金份额的相关权利区别开来。

笔者仔细阅读了美国《ERISA法》之后，发现此法典具有相当的"明确性"，而日本的法律体系及判例则更具有日本特有的"暧昧性"。从《ERISA法》中可以看出，美国的用人单位不得对过去份额的企业年金相关内容进行变更，但可以根据用人单位自己的意思对未来份额的企业年金相关内容进行变更。而日本则不区分过去和将来的企业年金份额，都可以进行变更，但受到一定程度的制约，需要综合考量其合理性。

现在日本学界有要求引进《ERISA法》相关理念的声音。笔者认为，《ERISA法》固然有其明确的一面，但是，结合日本社会的现状，通过相关规定及法理来对变更企业年金制度的合理性进行

① 参照日本仙台地方裁判所判决，昭和61年(1986年)4月15日，《劳动判例》第473号，第11页。

② 参照日本大阪地方裁判所判决，平成12年(2000年)2月28日，《劳动判例》第781号，第43页。

综合判断是比较符合现实情况的。日本企业在通过工会进行劳资协商这一方面做得非常不错，如果贸然引进《ERISA法》的话，反而可能会打破劳资双方之间的利益平衡。在《ERISA法》体系下，如果企业执意要减少企业年金给付金额，很可能直接对将来份额的企业年金进行减额，这样对年轻员工明显是不利的。

日本企业的员工一直以拥有“爱社精神”①为荣，为公司无私奉献是日本员工的传统。根据笔者对日本企业员工的采访，在同意将企业年金进行减额的人群中，虽然担心公司的企业年金财政破裂的员工占大多数，但是，也有一部分员工觉得长年工作的公司员工之间即是一个大家庭，为公司的后辈做出一些牺牲也是符合“爱社精神”理念的。

日本员工和美国员工在国民性方面的差异造成了其企业年金法律制度的不同。笔者认为，对于日本的企业年金制度，在加强对相关年金减额理论研究的同时，需要导入美国《ERISA法》的支付保证制度，也就是即使企业年金财政全面破裂，也有一笔资金可以保证已加入企业年金制度的员工的年金给付。

第八节　企业年金制度的终止

关于企业年金制度的终止，主要有通过制度的实施者进行

① 在日语中被称为：愛社精神（あいしゃせいしん）。

的任意终了以及满足相关法律、法规要件的强制终了。在实务中，绝大多数情形都是随着公司的年金财政情况恶化，从而不得不主动终止企业年金制度或者被动终止企业年金制度。各类企业年金制度的终止的相关规定有所不同，下面来分别讨论内部保留型企业年金制度、厚生年金基金、规约型给付额确定年金、基金型给付额确定年金、缴付额确定年金的终止的情形。

如果是基于企业就业规则或劳动协约的内部保留型企业年金制度的话，用人单位可以通过改变就业规则或劳动协约来终止内部保留型企业年金制度。但是，也需要符合劳动条件的非利益性变更的合理性判断基准。如果就业规则或劳动协约中规定一次性退职金支付基准或该企业的整体年金给付基准的话，即使就业规则或劳动协约被废止，相关各类现金支付或给付基准仍可作为参考①。

在厚生年金基金制度中主要有三种终止的情形。

首先，在取得基金代议员的 3/4 以上决议通过后，可取消厚生年金基金②。但是，这不意味着一旦获得代议员的决议通过就可以立即取消厚生年金基金，在手续上还需要取得日本厚生劳动大臣的认可③。并且，如果企业要对厚生年金基金制度进行任意终止的话，需要事先向日本政府交纳最低责任准备金④。

其次，如果企业自身发生解散、清算等事由，企业自身的经

① 参照日本最高裁判所判决，平成元年（1989 年）9 月 7 日，《劳动判例》第 546 号，第 6 页。

② 参照《日本厚生年金保险法》第 145 条第 1 款第 1 项。

③ 参照《日本厚生年金保险法》第 145 条第 2 款。

④ 在日语中被称为：最低責任準備金（さいていせきにんじゅんびきん）。

营都无法维持时，厚生年金基金制度自然无法继续维持，根据相关法律、法规的规定，厚生年金基金也将被取消[①]。此时，还需要获得日本厚生劳动大臣的认可[②]。

最后，由日本厚生劳动大臣发布取消命令，强制企业取消厚生年金基金[③]。

取消后，厚生年金基金将被免除年金给付义务[④]，移交清算人进行清算手续。清算人由厚生年金基金的理事或者由日本厚生劳动大臣选任[⑤]。厚生年金基金在其取消时必须将最低责任准备金缴付给厚生年金基金联合会[⑥][⑦]。

厚生年金基金向厚生年金基金联合会缴付最低责任准备金，并偿还债务之后，如有剩余的年金资产，应向年金的加入人、受给付权人、受给付期待权人等分配剩余资产[⑧]，不得向用人单位返还任何剩余年金资产[⑨]。而具体的分配方法必须在规约或者年金规程中事先进行规定。分配方法需要保持年金的加入人、受给付权人、受给付期待权人之间的公平性[⑩]。相关人被分配年金资产之后，可以选择立即领取该资产，也可以将来在厚生

① 参照《日本厚生年金保险法》第 145 条第 1 款第 2 项。

② 参照《日本厚生年金保险法》第 145 条第 2 款。

③ 参照《日本厚生年金保险法》第 145 条第 1 款第 3 项、第 179 条第 5 款。

④ 参照《日本厚生年金保险法》第 146 条。

⑤ 参照《日本厚生年金保险法》第 147 条。

⑥ 日语原文为：厚生年金基金連合会（こうせいねんきんききんれんごうかい）。

⑦ 参照《日本厚生年金保险法》第 162 条之 3 第 1 款。

⑧ 参照《日本厚生年金保险法》第 147 条第 4 款。

⑨ 参照《日本厚生年金基金设立认可基准》7 - 3。

⑩ 参照《日本厚生年金基金设立认可基准》7 - 1。

年金基金联合会领取[①]。

规约型给付额确定年金制度的终止事由也可以大致分为三种情形。

首先,用人单位在获得过半数代表人同意的基础上,取得日本厚生劳动大臣的承认之后,可终止规约型给付额确定年金制度[②]。

其次,当发生个人事业主死亡时;法人事业主因合并或破产而消灭或解散时;事业主失去厚生年金适用事业所的资格时;前述任一事由,可默认为规约或年金规程失去效力,规约型给付额确定企业年金制度终止[③]。

最后,可能存在由日本厚生劳动大臣依其职权取消关于年金的规约或者年金规程的相关承认的情形[④]。

规约型给付额确定年金制度在其制度终止时,如果累积年金资产低于最低累积基准金额,不足的部分必须由用人单位一次性缴付[⑤]。用人单位因制度的终止而免除企业年金的给付义务[⑥],开始进入清算程序。清算人由在规约或者年金规程中规定的人担任,也可由日本厚生劳动大臣选任[⑦]。但是,用人单位的董事会成员不得担任清算人[⑧]。

---

① 参照《日本厚生年金基金设立认可基准》7-2。

② 参照《日本给付额确定年金法》第83条第1款第1项、第84条第1款。

③ 参照《日本给付额确定年金法》第83条第1款第2项、第86条。

④ 参照《日本给付额确定年金法》第83条第1款第3项、第102条第3款。

⑤ 参照《日本给付额确定年金法》第87条。

⑥ 参照《日本给付额确定年金法》第88条。

⑦ 参照《日本给付额确定年金法》第89条第1款、第4款。

⑧ 参照《日本给付额确定年金法》第89条第3款;《给付额确定年金法施行令》第55条。

规约型给付额确定年金制度终止之后，其剩余的年金资产在年金的加入人、受给付权人、受给付期待权人之间进行分配[①]，不得返还给用人单位[②]。当剩余年金资产高于最低累积基准金额时，首先对所有相关人员分配相当于最低累积基准金额的年金资产，对超出最低累积基准金额的年金资产，应当以公平且合理的方式对相关人员进行分配[③]。当剩余年金资产低于最低累积基准金额时，应当首先按照规约或者年金规程对相关人员按比例进行分配，如果没有相关约定，应当优先对受给付权人和受给付期待权人进行分配[④]。

关于基金型给付额确定年金制度的终止，需要取得代议员会代议员的3/4以上多数的同意，或者有基金事业不可能存续的事由并取得日本厚生劳动大臣的认可之后，可取消基金型给付额确定年金制度[⑤]。此外，可依据日本厚生劳动大臣的取消命令取消基金型给付额确定年金制度。

基金型给付额确定年金制度的剩余年金资产的分配的相关规定基本和规约型给付额确定年金制度相同。用人单位必须在终止年金制度时一次性缴纳最低累积基准金额的不足部分[⑥]。基金法人在企业年金制度终止（即基金法人被解散）后被免除年

---

① 参照《日本给付额确定年金法》第89条第6款。

② 参照《日本给付额确定年金法》第89条第7款。

③ 参照《日本给付额确定年金法施行令》第57条第1款第1项；《日本给付额确定年金法施行规则》第99条。

④ 参照《日本给付额确定年金法施行令》第57条第1款第2项。

⑤ 参照《日本给付额确定年金法》第83条第2款第1项、第85条第1款。

⑥ 参照《日本给付额确定年金法》第87条。

金给付义务[①],清算人即刻开始进行清算手续。清算人由基金理事或者由日本厚生劳动大臣选任的人员担任[②]。由于会产生利益冲突,因此,用人单位的董事不得担任清算人[③]。虽然日本法律只规定了公司的董事不得担任清算人,但是,笔者认为,如果公司的监事及高级管理人员担任清算人,也会产生明显的利益冲突及道德风险,因此,根据类推适用原则,公司的监事及高级管理人员理论上也不得担任清算人。

由于基金型给付额确定年金制度的剩余年金资产的分配方式和规约型给付额确定年金制度完全相同,因此,在本书中予以省略。

关于缴付额确定年金制度的终止情形,同样分为以下三种情况。

首先,用人单位在获得半数以上代表人同意的基础上,取得日本厚生劳动大臣的承认之后,可终止缴付额确定年金制度[④]。

其次,个人事业主死亡时,法人事业主因合并或破产而消灭或解散时,事业主失去厚生年金适用事业所的资格时,如发生前述任一事由,可默认为规约或年金规程失去效力,缴付额确定企业年金制度终止[⑤]。

最后,可能会有由日本厚生劳动大臣依其职权取消关于年

① 参照《日本给付额确定年金法》第88条。
② 参照《日本给付额确定年金法》第89条第2款、第4款。
③ 参照《日本给付额确定年金法》第89条第3款;《给付额确定年金法施行令》第55条。
④ 参照《日本缴付额确定年金法》第45条第1项、第46条第1款。
⑤ 参照《日本缴付额确定年金法》第45条第2项、第47条。

金的规约或者年金规程的相关承认的情形[①]。

缴付额确定年金制度的账户由每个人分别自行管理，因此，在缴付额确定年金制度终止之后不存在剩余年金资产的分配问题。在缴付额确定企业年金制度终止之后，相关人员可以根据其申请，作为个人加入个人型缴付额确定年金[②]或者作为个人成为个人型年金运营指示人[③]。如果相关人员在6个月内不做出前述申请，其缴付额确定年金的资产账户将自动交由日本国民年金联合会管理[④]。

第九节　企业年金的支付保证制度

根据上节的论述，在企业年金制度终止之后，很可能会引起剩余年金资产不足，从而导致企业年金的加入人、受给付权人、受给付期待权人无法获得其应当获得或其所期待的年金份额。为了应对此情况，企业年金的支付保证制度被世界各国所广泛研究。

首先，企业年金的性质可以参照员工工资的相关规定。在

① 参照《日本缴付额确定年金法》第45条第3项、第52条第2款。

② 日语原文为：個人型確定拠出年金の加入者（こじんがたかくていきょしゅつねんきんのかにゅうしゃ）。参照《日本缴付额确定年金法》第62条第1款、第81条第1款。

③ 日语原文为：個人型年金運用指図者（こじんがたねんきんうんようさしずしゃ）。参照《日本缴付额确定年金法》第64条第2款、第82条第1款。

④ 参照《日本缴付额确定年金法》第83条第1款第2项。

《日本民法》306条第2项和308条中有关于最后6个月工资的优先权的规定。按照日本的学术通说以及判例的观点，如果就业规则或者劳动协约有明确规定，则会产生退职金及工资的优先权。但是，对于前述退职金及工资，并非全部金额发生优先权，而是对相当于离职前最后6个月的工资份额（担保金额最大额度为该员工离职前6个月的工资总额）发生优先权①。

上述内容是根据日本民法所得出的判例理论。但是，根据日本商法的理论却会得出完全不同的结论。由于商法规制的对象是公司，因此，日本的株式会社、有限会社、相互会社的员工会将取得其未支付工资的全部金额的优先权②，不受前述《民法》"最后6个月"的限制。

同样是退职金及工资的优先权的相关内容，日本民法和商法的规定有着很大的区别。这就会造成私人雇员和公司雇员之间在退职金及工资方面的待遇不同，显然日本的现行法律对私人雇员是不利的，民法和商法都属于私法范畴，因此，笔者认为对于退职金及工资的优先权的相关规定，有必要将民法和商法的相关内容进行统合。

在《日本倒产法》（包括《破产法》《会社更生法》《民事再生法》等）中类似于企业年金制度终止之后的支付保证制度的相关内容如下：

根据《日本破产法》的规定，在退职金或工资中被赋予一般

---

① 参照日本最高裁判所判决，昭和44年(1969年)9月2日，《民事判例集》第23卷9号，第1641页。

② 参照《日本商法》第295条；《有限会社法》第46条第2款；《保险业法》第59条第1款。

优先权的债权被称为优先破产债权，而其余债权被称为一般破产债权[①]。也就是说，在公司破产时，享有一般优先权的员工退职金或工资将会被优先给付。

根据《日本民事再生法》的规定，被赋予一般优先权的债权被称为优先债权，在民事再生手续中可以被随时偿还[②]。而没有被赋予一般优先权的债权则会成为民事再生计划中的普通再生债权。此外，在民事再生手续开始后所产生的退职金将会成为公益债权[③]，其与一般优先债权相同，会被随时用来偿付[④]。

《日本倒产法》中的相关规定可以一定程度上类推适用于企业年金制度的终止。但是，笔者认为上述各类优先权或者担保物权的作用其实非常有限。在公司进入破产程序手续时，其资产肯定已经所剩无几，因为如果公司仍拥有一定程度的资产的话，相关人一般不会采取破产或者民事再生手续。根据日本法律的规定，抵押权是优先于上述各类优先权或者其他担保物权的。一般情况下，公司的不动产都会被设有抵押权，在公司偿还抵押权的相关金额后，其总资产所剩极少。更何况，在很多情况下，公司很可能不能偿还附在其不动产之上的所有抵押权。因此，在实务中很难通过各类优先权或者担保物权来保证退职金及工资的支付。

---

① 参照《日本破产法》第 39 条。

② 参照《日本民事再生法》第 122 条第 1 款、第 2 款。

③ 参照《日本民事再生法》第 119 条第 2 项。

④ 参照《日本民事再生法》第 121 条第 1 款、第 2 款。

此外，在《日本工资确保法》[①]上也有类似于企业年金制度终止之后的支付保证制度的相关内容。

由于《日本民商法》以及《倒产法》中对退职金及工资相关债权的保护非常不充分，因此，在1976年(昭和51年)制定了工资确保法。该法律顾名思义是为了保护员工的退职金及工资债权，也有关于企业年金给付的相关规定。

该法律的垫付制度，其很大的一个作用就是可以使未支付的员工工资成为垫付的对象。适用该垫付制度的一般为日本劳动者灾害补偿保险法的适用用人单位，在持续进行相关经营事业1年以上之后，其会被该垫付制度所保护[②]。在下列情形下，国家会为用人单位垫付工资债务[③]：

1. 用人单位在被宣告破产或开始民事再生等手续时。

或者2. 中小企业因某种原因停止了经营活动，并且在短期内很难重新开展事业。

并且3. 该用人单位被日本劳动基准监督署长认定为没有工资支付能力时。

垫付工资债务的财政来源为劳动灾害保险的劳动福祉事业的所属资金，即各用人单位所负担的劳动灾害保险费。垫付的对象为：以在破产等相关手续申请之日或者退职员工申请日本劳动基准监督署长认定之日的6个月前为起算点，该日起，两年

---

① 日文原文为：賃金の支払の確保等に関する法律（ちんぎんのしはらいのかくほとうにかんするほうりつ）。

② 参照《日本工资确保法》第7条；《工资确保法施行规则》第7条。

③ 参照《日本工资确保法施行令》第2条第1款第5项；《工资确保法施行规则》第8条。

中用人单位所拖欠的工资或退职金[①]。换言之，即国家垫付员工退职之日或员工申请认定之日前6个月的工资或退职金，但是，相关垫付从前述时间点起算只有两年的有效期。并且，只有工资或退职金的相关金额在2万日元(大约1 300元人民币)以上，国家才会进行垫付[②]。垫付也需要一定的计算及人力成本，这也是为了避免国家公共资源的浪费。

而且，国家根据员工的年龄段对工资或退职金的垫付设定了上限额度[③]。这主要是为了在有限的财政基础下，所有公民都可以享受到国家垫付工资或退职金的权利。同时，也是为了避免公司董事、监事、高级管理人员向国家寻求垫付高额工资的情况。

1. 退职之日未满30周岁的员工：88万日元(大约5.5万元人民币)。

2. 退职之日在30周岁以上未满45周岁的员工：196万日元(大约12万元人民币)。

3. 退职之日在45周岁以上的员工：296万日元(大约18.2万元人民币)。

此外，根据《日本工资确保法》的规定，在就业规则或劳动协约中负有给付退职金义务的用人单位，对退职金的保全措施负有努力义务[④]。但是，只要用人单位实施了厚生年金基金或者

---

① 参照《日本工资确保法施行令》第3条。
② 参照《日本工资确保法施行令》第4条第2款。
③ 参照《日本工资确保法施行令》第4条第1款。
④ 参照《日本工资确保法》第5条。

给付额确定企业年金制度就可以原则上免除前述努力义务[①]。关于此条规定,笔者认为,此处在立法上强行将是否实施厚生年金基金或者给付额确定企业年金制度和用人单位对退职金保全措施的努力义务联系在一起,未免给人一种牵强之感。笔者认为,关于鼓励实施企业年金制度,应该主要从国家政策、税收等方面来激励企业大胆实施企业年金制度,而不应当通过减少企业本来就应当承担的义务及社会责任来鼓励实施企业年金制度。此外,关于缴付额确定年金制度,对于用人单位来说并不会因为实施了缴付额确定年金制度而免除对退职金保全措施的努力义务。

用人单位对退职金的保全措施负有的努力义务具体如下,用人单位需要完成下列四项中的任意一项[②]。

1. 金融机关的保证手续
2. 签订信托合同
3. 设定质权或抵押权
4. 设置退职补贴保全委员会

退职金保全措施的基准额度为:该用人单位全体员工退职金的1/4左右[③]。

上述内容详细介绍了日本确保工资、退职金等劳动对价报酬支付的相关制度。如仔细阅读,我们可以发现现有的确保工资、退职金、企业年金支付的相关制度并不能保证前述各项劳动

① 参照《日本工资确保法施行规则》第4条。
② 参照《日本工资确保法施行规则》第5条之2。
③ 参照《日本工资确保法施行规则》第5条第1款第1项。

对价报酬的全额给付。甚至可以说，绝大多数规定只是起了聊胜于无的作用。因此，日本借鉴了美国的支付保证制度，构建了具有日本特色的支付保证制度。

美国运营支付保证制度的组织为PBGC[①]。PBGC是处理企业年金制度终了之后的各种保险事故的机关组织。其支付保证制度的对象仅为给付额确定年金制度等可以确定年金给付金额的企业年金制度，而不包括缴付额确定年金制度等需要通过投资运营来获得年金给付的企业年金制度。在PBGC的支付保证制度的适用对象之内的各个实施给付额确定年金制度的企业需要事先向PBGC缴纳保险费，根据PBGC的运营情况，每年的保险费会有所不同。由此可以看出，美国的支付保证制度实际上相当于一种对企业年金受给付权的保险制度，在缴纳保险费之后可以获得相应的保险给付。笔者认为，由于美国的支付保证制度实质上是一种保险制度，对于企业来说肯定会额外负担一笔费用，但是，PBGC的保险给付范围覆盖了各类给付额确定企业年金制度，对于实施企业年金的企业来说平均分担了风险，鼓励了各个企业实施企业年金，并使其员工可以对企业年金拥有信赖感，故应该肯定PBGC的社会贡献。我国今后如果要引进类似美国PBGC的支付保证制度，在实务中需要解决的问题主要有两点：(1) 需要有一家拥有充分资金及足够管理经验的保险公司。(2) 以保险形式进行的支付保证制度需要获得各个实施企业年金的公司的认可，只有绝大多数实施企业年金

① 英语原文为：Pension Benefit Guaranty Corporation。

的公司都对以保险形式进行的支付保证制度予以认可，才会在社会范围上取得分散风险、保证员工利益的效果。

美国 PBGC 的支付保证制度归根结底是一种商业模式，而不是国家福利，因此，员工在获得其保险给付时自然会受到很多限制。

首先，为了保证支付保险给付金额的确定性，美国 PBGC 的支付保证制度的支付保证对象仅为确定赋予年金受给付权的相关年金金额。而且设定了保证金额的上限。在获得给付额确定年金制度的受给付权之后，一般都可以取得终身受给付的权利，而 PBGC 的保证虽然有金额上限，但是会对相关人员进行终身保证，从此可以看出，PBGC 还是履行了相当重的社会责任。我国今后如要导入美国 PBGC 的支付保证制度，什么类型的企业或者机构可以履行此社会责任将会成为首要研究的课题。

PBGC 对于企业年金制度的运营也拥有一定的权限，在 PBGC 将相关企业实施的企业年金制度判定为可能具有长期性的损失[①]时，可以强制终止该企业年金制度。一方面是为了对企业年金制度进行监督；另一方面，是为了在一定程度上减轻 PBGC 的负担。因此，PBGC 在作为一家保险运营机关的同时，在终止企业年金制度方面也拥有一定的法定权限。

日本在对给付额确定年金制度进行立法的过程中，也对是否导入美国 PBGC 的支付保证制度进行了深入讨论。虽然经过了激烈的讨论，由于该制度不符合日本的国情，日本决定暂时

① 在英语中被称为：long-run loss。

不导入美国 PBGC 的支付保证制度。主要是由于即使导入形式上的支付保证制度，如果不能进行有效、公正的运营的话，实质上也是无法保证企业年金支付的。日本政府更倾向于今后通过政府对于企业年金制度进行一定的支付保证。

在日本的企业年金实务中也存在一些类似的保证年金给付的相关制度。例如，从 1989 年（平成 1 年）起，日本的厚生年金基金制度中实施了保证制度，厚生年金基金联合会可以在取得日本厚生劳动大臣的认可之后，对厚生年金基金的加入人员等进行一定金额的支付保证[①]。该保证制度的主要三类作用及基本架构见图 9－1。

1. 确保年金的给付。
2. 定期检验年金财政的累积状况。
3. 对企业及员工提供咨询服务及相关指导。

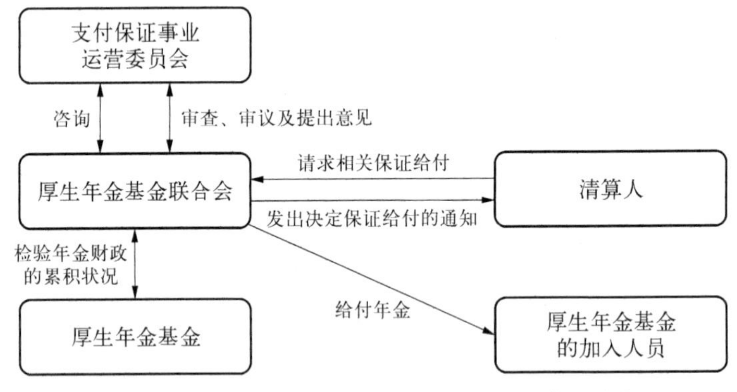

图 9－1　厚生年金基金联合会的支付保证事业结构

---

① 参照《日本厚生年金保险法》第 159 条第 3 款第 1 项。

接受上述厚生年金基金联合会的保证给付需要满足以下两个条件：

1. 厚生年金基金因不可抗的原因而解散。

2. 厚生年金基金的剩余年金资产低于支付保证额度。

也就是说，当厚生年金基金因公司破产或母公司运营不稳定等情况不得不废止，而且其所剩余的年金资产也不足以给付需要给付的年金金额时，厚生年金基金联合会将代为进行年金给付。

厚生年金基金联合会的支付保证制度是日本企业年金制度中为数不多的对年金加入人员的保护制度。日本公司往往要求员工和公司"共同进退"，因此，日本的整个企业年金制度在制度设计时，关于公司破产后对员工利益的保护方面有所欠缺，从而导致了在企业年金制度解散之后，劳资双方之间经常发生争议。

此外，企业年金的年金资产需要通过外部年金运营管理机关进行运营，日本信托法中明确规定了金融机关对信托财产的分别管理义务[①]，外部年金运营管理机关在和企业签订合同后，需要将年金资产单独管理，这样就会在很大程度上避免因金融机关的破产而导致企业年金制度的终止。

综上所述，日本在设计企业年金制度时，在制度运行中规定了一系列卓有成效的保护措施。但是，在企业年金制度终止后，对员工利益的保护仍有不足之处。我国今后在完善企业年金制

① 参照《日本信托法》第28条。

度时，应对因公司破产而导致企业年金制度终止时的相关法律问题做出规定。

第十节　企业年金的监督措施

企业年金是重要的劳动条件之一，是对公有年金的重要补充，因此，可以获得税收上的优惠政策。实施企业年金之后，会发生一系列公法和私法上的法律关系，为了保证企业年金的正确实施，需要从行政等角度对其进行有效的监督。对于各个企业年金制度监督机关及依据的法律、法规如表 9－1 所示。

表 9－1　对于各企业年金制度的监督

制　　度	监督机关	法律、法规
厚生年金基金	日本厚生劳动省	日本厚生年金保险法
给付额确定年金	日本厚生劳动省	日本给付额确定年金法
缴付额确定年金	日本厚生劳动省 日本金融厅	日本缴付额确定年金法
内部保留型年金制度	日本厚生劳动省	日本劳动基准法
年金财形	日本厚生劳动省及其他监督机关	日本勤劳者财产形成促进法

上表总结了各个企业年金制度的监督机关，但是，上述监督

机关在实务中是作为名义上的代表对各个企业实施企业年金的情况进行监督。实际上，主要业务则由上述监督机关委托给其他机关或企业进行[①]。

企业需要将相关就业规则或规约在日本行政厅进行备案[②]。厚生年金基金和基金型给付额确定年金在其设立时需要取得厚生劳动大臣的认可[③]。规约型给付额确定年金和缴付额确定年金的规约还需要取得日本厚生劳动大臣的承认[④]。

在企业年金制度开始实施后，如有下列八种情况，监督机关会介入进行监督或要求企业提供相关材料。

一、变更就业规则或规约

与开始实施企业年金制度时相同，中途变更企业年金的相关内容，也需要取得相关监督机关的认可[⑤]。但是，如果只有微小变更，则可以通过简略手续对相关企业年金的内容进行变更[⑥]。

---

① 参照《日本给付额确定年金法》第 104 条；《日本缴付额确定年金法》第 114 条；《日本厚生年金保险法》第 180 条。

② 参照《日本劳动基准法》第 89 条。

③ 参照《日本厚生年金保险法》第 111 条第 1 款；《日本给付额确定年金法》第 3 条第 1 款第 2 项。

④ 参照《日本给付额确定年金》第 3 条第 1 款第 1 项；《日本缴付额确定年金》第 3 条第 1 款。

⑤ 参照《日本劳动基准法》第 89 条；《日本法人税法施行令附则》第 17 条第 4 款；《日本厚生年金保险法》第 115 条第 2 款；《日本给付额确定年金法》第 6 条第 1 款、第 16 条第 1 款；《日本缴付额确定年金法》第 5 条第 1 款。

⑥ 参照《日本法人税法施行令附则》第 17 条第 7 款；《日本给付额确定年金法》第 6 条第 1 款；《日本给付额确定年金法施行规则》第 10 条；《日本缴付额确定年金法》第 5 条第 1 款；《日本缴付额确定年金法施行规则》第 5 条。

二、报告文件的提交

实施规约型给付额确定年金制度和缴付额确定年金制度的用人单位，以及实施厚生年金基金和基金型给付额确定年金的基金法人，需要在每个事业年度向监督机关提交事业报告书、决算书等各类报告文件[①]。

三、征收报告书

日本厚生劳动大臣可以在必要的限度范围内，对实施规约型给付额确定年金制度和缴付额确定年金制度的用人单位，以及实施厚生年金基金和基金型给付额确定年金的基金法人征收关于年金制度实施情况的报告书，也可以对相关人员进行询问，了解该企业的年金制度的具体状况，并对企业年金制度实施细节进行检查[②]。

四、发出改正命令

日本厚生劳动大臣对上述报告书审查之后，如果认为相关企业有违反企业年金相关的法律、法规、规约、年金规程的情形，或者相关企业的企业年金的管理人员有怠于行使其职责的情

① 参照《日本厚生年金保险法》第 177 条；《日本厚生年金基金令》第 39 条第 1 款；《厚生年金基金规则》第 56 条；《日本给付额确定年金法》第 100 条第 1 款；《日本给付额确定年金法施行规则》第 117 条；《日本缴付额确定年金法》第 50 条；《日本缴付额确定年金法施行规则》第 27 条。

② 参照《日本厚生年金法》第 178 条第 1 款；《日本给付额确定年金法》第 101 条第 1 款；《日本缴付额确定年金法》第 51 条第 1 款。

况，可以对实施规约型给付额确定年金和缴付额确定年金的用人单位，以及实施厚生年金基金和基金型给付额确定年金的基金法人的相关人员发出必须采取必要措施的命令，规定期限，责令其改正企业年金的管理或执行的现状[①]。

五、对规约或年金规程等的变更命令

日本厚生劳动大臣如果认为需要确保厚生年金基金制度、规约型给付额确定年金制度、基金型给付额确定年金制度的顺利运行，可以对相关企业发出对规约或年金规程等的变更命令[②]。此外，如果企业的就业规则与相关法律、法规有所抵触，日本厚生劳动大臣也可以对相关企业发出责令变更就业规则的命令[③]。

六、对基金董事、监事、高级管理人员的解任或者改任命令

如果实施厚生年金基金和基金型给付额确定年金的基金法人的董事、监事、高级管理人员违反日本厚生劳动大臣的相关命令，日本厚生劳动大臣可以对该基金发出解任或者改任所有董事、监事、高级管理人员或者部分董事、监事、高级管理人员的命令[④]。如果该基金没有执行上述命令，日本厚生劳动大臣可以

---

① 参照《日本厚生年金保险法》第 179 条第 1 款；《日本给付额确定年金法》第 102 条第 1 款；《日本缴付额确定年金法》第 52 条第 1 款。

② 参照《日本厚生年金保险法》第 179 条第 2 款；《日本给付额确定年金法》第 102 条第 2 款。

③ 参照《日本劳动基准法》第 92 条第 2 款。

④ 参照《日本厚生年金保险法》第 179 条第 3 款；《日本给付额确定年金法》第 102 条第 4 款。

基于职权直接解任或者改任相关基金的董事、监事、高级管理人员[①]。

七、取消对规约或年金规程等的承认

当实施规约型给付额确定年金制度和缴付额确定年金制度的用人单位违反相关改正命令、违反规则变更命令，或者相关企业年金制度被认为难以持续时，日本厚生劳动大臣可以基于其职权，取消对相关规约或年金规程等的承认[②]。

八、对于基金的解散命令

当厚生年金基金和基金型给付额确定年金的基金法人被认为违反了相关改正命令，或者相关基金被认为难以持续时，日本厚生劳动大臣可以基于其职权，对该基金发出解散命令[③]。

---

① 参照《日本厚生年金保险法》第179条第4款；《日本给付额确定年金法》第102条第5款。

② 参照《日本给付额确定年金法》第102条第3款；《日本缴付额确定年金法》第52条第2款。

③ 参照《日本厚生年金保险法》第179条第5款；《日本给付额确定年金法》第102条第6款。

第十章

年金受给付权理论

第一节　年金受给付权的权利构成

获得年金的权利被称为年金受给付权[①]。在日本的法律体系中，年金受给付权是请求权，而并非形成权或者支配权。所谓请求权，是指要求他人作为或者不作为的权利[②]。

1. 获得年金给付或保险给付的权利(基本权利)。

2. 基于上述权利，而拥有可以在每个支付期间获得应当被给付的年金给付金额的权利(分支权利)。

从上述解释中可以看出，基本权利是指支撑每个支付期间的分支权利发生的主干权利[③④]。而分支权利是获得每个支付期间年金给付的权利，是从基本权利派生出去的权利[⑤⑥]。年金的基本权利和分支权利这一说法目前只在各类判决书中出现

---

① 日语原文为：年金受給権（ねんきんじゅきゅうけん）。

② 参照《日本国民年金法》第102条第1款；《日本厚生年金保险法》第92条第1款。

③ 参照日本东京地方裁判所判决，平成16年(2004年)5月18日，LLI 05932091。

④ 参照日本最高裁判所判决，平成7年(1995年)1月7日，《民事判例集》第49卷9号，第2829页。

⑤ 参照日本东京地方裁判所判决，平成3年(1991年)1月23日，《判例时刻》第777号，第121页。

⑥ 参照日本最高裁判所判，平成7年(1995年)1月7日，《民事判例集》第49卷9号，第2829页。

过，主要为明确发生年金相关权利的先后顺序[①]。此处对基本权利和分支权利的分类针对的是长期获得给付的年金。对于死亡补偿金等具有一次性给付性质的社会保障，笔者认为，区分基本权利和分支权利意义并不大。因此，在日本国民年金法和厚生年金保险法中也只对需要长期获得给付的年金规定了给付期间以及给付月、给付日期[②]。年金的基本权利在满足所有年金支付要件时发生，而分支权利在每个年金支付期间到来时发生[③]。年金的基本权利只有一项，而分支权利却有多项。年金的基本权利在受给付权人死亡或者发生相关法律规定事由时消灭，而分支权利在完成每次年金给付时消灭。由此可知，年金的基本权利和分支权利是不同的两种权利，分支权利虽然是从基本权利中派生出去的权利，但是，基本权利和分支权利之间互相独立[④]。

综上所述，区分年金的基本权利和分支权利主要是为了明确年金给付中各个时期的权利义务关系。分支权利具有阶段性，在一个时间阶段内产生权利义务关系，而基本权利贯穿于整个年金给付期间。年金的基本权利和分支权利之间虽然互相独立，但是有先后顺序，先发生基本权利，再发生分支权利。分支权利被否定了并不对基本权利产生影响。但是，基本权利如被

---

① 即首先发生年金的基本权利，之后再发生年金的分支权利。在各个阶段发生不同的权利期待效果。

② 参照《日本国民年金法》第 18 条；《日本厚生年金保险法》第 36 条。

③ 参照日本名古屋地方裁判所判决，平成 26 年（2014 年）3 月 20 日，LEX/DB 25446636。

④ 参照日本东京地方裁判所判决，平成 21 年（2009 年）1 月 16 日，《判例时报》第 2049 号，第 10 页。

否定，则分支权利也会失去其存在的根据。

第二节　年金受给付权的裁定及发生

日本厚生劳动大臣会基于年金受给付权人的裁定申请，对年金受给付权进行裁定①。日本厚生劳动大臣进行的该“受给付权的裁定”②仅为对相关人员年金受给付权的确认行为，而并非对年金受给付权进行处分的形成行为③。日本厚生劳动大臣对年金受给付权进行裁定的意义在于通过国家公共机关对年金受给付权进行确认，明确其权利义务。日本对年金受给付权进行裁定，一方面，是对其权利本身进行了确认，另一方面，也对具体年金金额进行了确认，并且会对年金相关的细节问题进行认定（比如，残疾年金中关于残疾程度的鉴定）。因此，日本厚生劳动大臣作为日本社会保险厅的长官对年金受给付权进行公正的裁定，提高了年金的公信度，使年金业务有了一个统一的基准。并且，防止了很多无意义的纠纷，使年金给付的相关法律行为具有明确性④。笔者认为，日本厚生劳动大臣对相关年金受给付

---

① 参照《日本国民年金法》第16条；《日本厚生年金保险法》第33条。

② 在日语中被称为：受給権の裁定（じゅきゅうけんのさいてい）。

③ 参照日本东京高等裁判所判决，平成16年（2004年）9月7日，《判例时报》第1905号，第68页。

④ 参照日本最高裁判所判决，平成7年（1995年）11月7日，《民事判例集》第49卷9号，第2829页。

权进行裁定的行为可以看作其对年金给付的担保。

日本厚生劳动大臣对年金受给付权做出的裁定是针对其基本权利所做出的裁定，而并非是针对分支权利所做出的裁定。分支权利基于基本权利以及相关法律规定自然发生，不需要对其进行额外的裁定，日本厚生劳动大臣只需要对基本权利通过裁定进行明确。

年金受给付权中的基本权利是满足相关法律的要件而当然产生相关权利。因此，《日本国民年金法》和《厚生年金保险法》是年金受给付权中的基本权利的前提，其不因日本厚生劳动大臣做出裁定而发生效力。关于这点，可以从下列日本国民年金法和厚生年金保险法的条文中看出[①]。

关于获得给付的权利，厚生劳动大臣基于拥有该权利的人员的请求而进行裁定。

上述条文明确了基本权利的发生和裁定的先后关系。此外，该条文也在一定程度上明确了裁定在法律上的性质。裁定并非年金受给付权的成立条件，而是其效力发生的条件。也就是说，在接受作为社会保险厅长官的日本厚生劳动大臣的裁定之后，才可以获得年金的给付[②]。

笔者认为，虽然只要满足法律上的相关要件就会产生年金受给付权，但是，如果受给付权人没有向日本厚生劳动大臣请求相关裁定的话是无法获得年金给付的。换言之，即年金受给付

---

① 参照《日本国民年金法》第16条；《日本厚生年金保险法》第33条。

② 参照日本最高裁判所判决，平成7年（1995年）11月7日，《民事判例集》第49卷9号，第2829页。

权人若没有取得日本厚生劳动大臣的对受给付权的裁定，即使其拥有受给付权也不能直接去法院请求年金给付[①]。

笔者认为，年金的受给付权就像一个抽象的期待权，如果要想把该受给付权具体到每个支付期间获得年金给付的话，就必须通过行政裁定来取得具体的请求权。也就是说，年金的受给付权本身是抽象的权利，经过行政裁定之后会变为具体的权利。根据1995年(平成7年)11月7日最高裁判所判决书中的叙述，前述抽象的权利和具体的权利并非是两种不同的权利，而是通过行政裁定，使该抽象的权利能够具有具体的权利的性质。

综合以上论述，年金的基本权利又可以被分为以下三大类：

1. 接受裁定之前的基本权利。

2. 接受裁定之后的基本权利。

3. 年金被停止给付之后的基本权利。

只要符合法律、法规的相关要件，就会发生年金的基本权利，而且只要仍旧满足该要件，年金的基本权利就会一直存在，这与是否能够获得年金给付是不同的法律关系。

相关人员在接受裁定之后就拥有了上述第二类的基本权利以及相关分支权利，即相关人员拥有了完整的年金受给付权。笔者认为，在裁定完成的那一刻，相关人员就从年金的受给付权人变成了年金的受给付人。也就是通过裁定，完成了期待权到既得权的转变。根据日本法学理论界的观点，对于既得权和期待权的保护力度是完全不同的。首先，关于年金相关的期待权，

① 参照日本大阪高等裁判所判决，昭和36年(1961年)5月30日，《行政事件裁判例集》第12卷5号，第1147页。

是不能直接向法院请求进行年金给付的，而如果拥有年金相关的既得权，则可以随时要求给付，可以随时向法院请求给付。其次，在取得既得权之后，可以大幅度地降低对相关事实的证明难度。最后，一旦取得年金相关的既得权，在相关人员之间就形成了关于年金给付的债权债务，不仅可以通过年金相关的法律、法规进行规制，而且还可以通过民法等私法进行规制、调整相关人员之间的法律关系。

相关人员拥有上述第一类的基本权利时，其虽然有对年金给付的期待权，但是，该阶段实际上并不能获得年金给付。由于其从满足相关要件开始就拥有关于年金的基本权利，因此，只要相关人员接受裁定，就可以溯及既往地获得从拥有年金相关基本权利到接受裁定时这一期间的年金给付。

关于上述第三类的基本权利，即使年金被停止给付，基本权利还是存在的，但是，分支权利在年金被停止给付的那一刻起消灭。

第三节　年金相关裁定的取消

在行政法的概念中，有做出相关行政裁定的行为就肯定有取消相关行政裁定的行为。如果对年金的裁定处分违法，就需要取消该裁定。如果放任该违法裁定的存在，就是对行政法原理的违反，会影响一个国家的法治进程。笔者认为，之所以需要动用国家资源去修改或取消相关行政裁定，是因为行政裁定并不仅仅是政府与相关人员之间发生的法律关系，更关系到政府的公信力。由于需要对所有公民对政府的信赖利益进行保护，因此，在行政裁定发生错误时，应当动用国家的行政资源以及法律资源来对其进行取消或者修改。对行政行为主动进行的取消或者修改，需要满足下列要件：

1. 公共性
2. 公益性
3. 真实性

在相关事件对公共大众产生影响，并涉及公共利益的情况下，行政机关需要通过其职权进行积极作为，取消或者改变原先做出的行政行为。在日本的现行法律体系中，其行政机关可以直接基于职权取消相关违法处分行为，该权限是基于行政法原理以及法治主义理论，不需要其他法律上的根据①。笔者也认为，行政机关基于公民的信任，必须做出合法、合理、正确、妥善的行政处分行为。一旦相关行政处分行为被判决为违反法律、法规的规定或者不恰当时，行政机关自然应当根据行政法原理以及法治主义基本原理，将相关行政行为恢复到合法、合理、正确、妥善的状态，这是法治国家的应有之义。

日本的年金受给付资格是基于其《国民年金法》以及《厚生年金保险法》等相关法律的具体规定而发生，关于发生年金受给付权之后的裁定，作为行政机关原则上是没有自由裁量的余地

① 参照日本东京高等裁判所判决，平成 16 年(2004 年)9 月 7 日，《判例时报》第 1905 号，第 68 页。

的。因此，在年金受给付权方面，如果行政机关做出了错误的裁定，其必须取消该裁定。

此外，如果行政机关在接受相关裁定申请之后，延迟做出相关裁定，作为公民可以对其提出民事上的损害赔偿请求。但是，如果行政机关基于合理理由而延迟做出裁定（比如，需要对相关资料进行进一步的确认等），则法院一般不会认可相关人员对行政机关提出的损害赔偿请求[①]。因为行政机关在做出裁定前会对一些事务性内容花费时间进行确认，这是具有合理性，也是具有公益性的。如果因此要求行政机关承担花费多余时间的责任，未免对行政机关要求过高，若认可相关人员的损害赔偿请求，反而会导致行政机关敷衍了事，不敢对应该花时间验证的事项进行确认，结果会使全体公民蒙受非利益性的损失。其实，在行政诉讼中，公民和行政机关之间是平等的，既要保护公民的合法、合理的权益，也要保护行政机关的合法、合理的权益。因此，考虑双方的利益矛盾以及各种对社会的影响因素之后做出各方都能接受的判断是十分必要的。

如果年金受给付权相关的裁定处分被取消，就会溯及既往地失去获得年金给付的效力。根据日本民法的规定，之前接受年金给付的人员在原则上必须将之前获得的年金给付作为不当得利全部返还[②]。

笔者认为，对于普通民众来说，年金往往是其生活费用的主

① 参照日本东京高等裁判所判决，平成26年（2014年）10月22日，《判例地方自治》第397号，第63页。

② 参照《日本民法》第703条、第704条。

要来源。如果取消年金相关的裁定，并且还要对其追溯不当得利的话，很可能对其正常生活造成巨大影响。因此，对于取消年金相关的裁定，应该严格限制相关情形。因为一旦形成了行政裁定，则会立刻形成一定的法律秩序，如果将其轻易打破的话，这个社会上对于法律秩序的信赖也就不复存在。因此，如果是对于相关人来说是纯收益的行政裁定，则应严格限制取消[①]。

关于何时应当限制相关行政裁定的取消，何时应当允许相关行政裁定的取消，实际操作中，应结合相关法理及行政法原理，分析年金受给付权人需要保护的信赖利益的程度，从而做出综合判断。具体情形如下：

1. 行政裁定的违反程度。

2. 取消行政裁定对公共利益的影响程度。

3. 取消行政裁定对受给付权人的影响程度。

4. 行政裁定所经过的时间。

理论上，行政法中所有对相关人员的信赖利益的保护内容都应该适用日本民法中的诚实信用原则[②]，取消相关行政行为应当考虑平衡各方的利益[③]。比如，如果行政裁定相对应的年金金额数量极少或者行政裁定的违法程度极轻，则没有必要特意取消相关行政裁定。如果取消相关行政裁定会使相关人员无法维持正常生活，则应当出于人道主义及构建和谐社会的原则，

---

① 参照日本最高裁判所判决，昭和31年(1956年)3月2日，《民事判例集》第10卷3号，第147页。

② 参照《日本民法》第1条第2款。

③ 参照日本最高裁判所判决，昭和56年(1981年)1月27日，《民事判例集》第35卷1号，第35页。

对取消相关行政裁定持谨慎态度。另外，如果相关行政裁定虽然有违法性，但是相关人员确有理由对行政裁定的结果报以信任，则也应当在一定程度上保护其信赖利益。

虽然年金与一个人的基本生活质量息息相关，但是，如果相关人员是通过贿赂、欺诈、强迫等在刑法上被禁止的方式取得行政裁定的话，则该行政裁定的取消原则上不受限制。由于刑法是一个国家社会秩序的基础，是需要所有公民绝对遵守的行为规范。即使因通过贿赂、欺诈、强迫等方式取得的行政裁定被取消而导致某些利益受损，也应该维护法律的秩序价值。秩序、正义、自由是法律的三大基本价值。正是因为一个国家存在秩序，法律才有可能实现其正义价值及自由价值，如果把秩序价值抽去，法律的正义及自由价值也会随之轰然倒塌。因此，即使在具有私法性质的年金领域，也应该对一个国家的基本秩序进行维护（见图 10 - 1）。

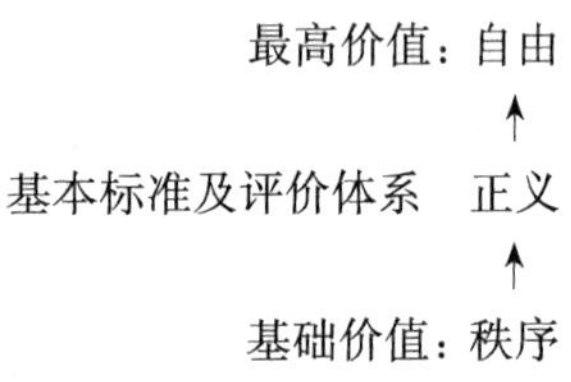

图 10 - 1　法律的三大基本价值

在刑法相关规定之外，笔者认为，通过对违法性程度和需要保护的利益程度的比较，以下两种情形中由于相关人员的行为不受信赖利益的保护，故所做出的行政裁定的取消不应当受到限制。

1. 明知相关行政裁定的违法性或者由于重大过失而不知相关行政裁定的违法性。

2. 由于故意或者重大过失而对重要问题进行了不正确的申报。

综上所述，对于年金相关的行政裁定的取消，应该综合比较违法性程度和需要保护的利益。可以具体参考日本昭和 58 年(1983 年)的金铉诉讼的判例，当外国人(非日本国籍)不知其没有老龄年金的受给付资格，而错误地提交了被保险人资格的申请，而日本行政机关又错误地做出了核准裁定，最终导致该外国人缴付了很长时期的老龄年金的保险费，在需要对其进行年金给付时产生了是否应对其给付老龄年金的争议。

按理来说，该外国人确实对确认自身是否有相关年金受给付资格具有过失。但是，该过失和其付出的年金保险费缴付相比微乎其微。更何况，当事人完全有理由对日本行政机关报以信任，这样的信赖利益需要维护。因此，法院维护了当事人的信赖利益[①]。

第四节　年金受给付权的保护

年金受给付权虽然是根据《日本国民年金法》及《厚生年金

① 参照日本东京高等裁判所判决，昭和 58 年(1983 年)10 月 20 日，《行政事件裁判例集》第 34 卷 10 号，第 1777 页。

保险法》等法律而具有公法性质的权利，但是，其也是受现行《日本宪法》所保护的财产权[①]。根据《日本宪法》中对财产权保护的叙述，该财产权应该包括年金受给付权的相关基本权利（包括接受裁定前的基本权利和接受裁定后的基本权利）以及分支权利。根据《日本宪法》第29条的表述，国家根据公共福祉的需要而保护财产权，笔者认为，如果国家根据公共利益的需要而一定程度上侵害了相关人员的年金受给付权，若确有正当理由，此时不能武断地认为该行为违宪[②]。对如果发生年金给付基准被下调、通过立法削减年金财政或者限制年金的给付对象等情况是否会违反日本宪法第25条及第29条，这在日本学界引起了激烈的讨论。

对此，笔者认为，一旦产生了年金受给付权，就会在当事人之间形成债权、债务关系，若有违反，则可能会有违反《日本宪法》第25条及第29条的问题。但是，年金给付基准被下调、通过立法削减年金财政或者限制年金的给付对象等情况，这都不会直接影响相关当事人之间关于年金受给付权的债权、债务关系。充其量影响的就是相关人员对于年金的期待权。而关于年金的期待权一般不属于《日本宪法》上对财产权的保护对象[③]。但是，如果相关人已经缴纳了年金相应的保险费，则在其缴纳的保险费的范围内应当保护其期待利益。

如果政府通过立法削减年金财政，该立法行为本身也有可

① 参照《日本宪法》第29条第1款。

② 参照日本最高裁判所判决，昭和62年（1987年）4月22日，《民事判例集》第41卷3号，第408页。

③ 参照日本东京地方裁判所判决，平成3年（1991年）1月23日，《判例时刻》第777号，第121页。

能构成违宪。笔者认为，判断立法削减年金财政或者年金相关项目的行为是否构成违宪应当主要考虑以下四大因素：

1. 对年金财政或者年金相关项目的具体削减内容。

2. 对年金财政或者年金相关项目的具体削减程度。

3. 是否对宪法所保护的财产权产生影响。

4. 是否符合公益性及公共福祉等要素。

根据日本最高法院关于《日本宪法》内容的判例[①]，在符合公共福祉的前提下，可以通过事后的立法对财产权的相关内容进行变更，这并不当然违宪。然而，关于是否符合公共福祉则需要综合考虑该财产权的性质、法律变更的程度以及通过该法律变更所保护的公益内容及程度等多项因素。

同时，日本近年的判例[②]也指出，一个国家需要在法治程度及社会保障方面不断进步，任何一项举措（包括国家行为和个人行为）使国家的制度倒退，这种情况无论基于何种理由都是不会被允许和认可的。

第五节　关于企业年金受给付权

企业年金受给付权的法理构成与国民年金、厚生年金等公

① 参照日本最高裁判所大法庭判决，昭和53年（1978年）7月12日，《民事判例集》第32卷5号，第946页。

② 参照日本大阪高等裁判所判决，平成27年（2015年）12月25日，《工资和社会保障》第1663号、第1664号。

有年金的受给付权的法律构成有所不同。由于企业年金制度是员工和公司之间的平等主体双方的法律关系，因此，企业年金受给付权的法律关系实质上是员工和公司之间的合同关系。员工是关于企业年金给付的债权人，而公司则是关于企业年金给付的债务人。

笔者认为，在企业年金给付方面，劳资双方的企业年金合同是唯一的法源。因此，如果劳资双方之间没有达成协议，作为债务人的公司方是不能随意削减企业年金的给付金额的。如果公司可以不顾员工方的诉求而随意削减企业年金的给付金额，那就会违反合同中当事人平等的原则以及公序良俗。

目前，日本关于企业年金受给付权的判例中对如何保护企业年金受给付权的判决理由并不统一，在“早稻田大学企业年金裁判”[①]等诸多著名判例中存在法理应用的争议。日本法院在处理企业年金相关的案件时，一般会综合考虑劳资双方是否进行了平等的谈判、相关企业年金的给付水准是否合理(根据公司的经营状况是否有减额的必要)、公司的就业规则或年金规程做了何种规定、公司是否向员工详细说明了企业年金减额的缘由等因素。笔者认为，由于现实中员工和公司在谈判时往往处于不利的地位，因此，在处理企业年金受给付权相关的案件时，应当在保护劳动者公平交涉权的基础上对劳资双方关于企业年金进行谈判的过程进行仔细分析，从而判断对企业年金的给付条件进行变更这一行为是否公正。

---

① 参照日本东京高等裁判所判决，平成 21 年(2009 年)10 月 29 日，《劳动判例》第 995 号。

第十一章

年金投资论

第一节　年金资产投资运用的主要方向

关于对自身年金资产的投资运用，根据日本投资市场的现状，主要有以下五大方向：

1. 投资日本国内债券
2. 投资日本国内股票市场
3. 投资外国债券
4. 投资外国股票市场
5. 投资短期资产投资

日本国内债券主要是指，日本政府、东京都、大阪府等地方公共团体、企业或者其他组织为了收集资金或周转资金而向不特定多数人发行的有价证券。一般事先就决定了利率以及债券到期日等重要事项。投资人可以定期获取利息，并且在债券到期日回收其投资的本金。通过发行债券的方式收集资金或周转资金，在日本比较普遍。对投资人来说，这也是收益较稳定并且风险较低的投资理财方式。这种年金投资理财方式在我国也作为较为普遍的投资形式而存在。由于这种年金投资理财方式风险较小，笔者认为，与其称该理财方式为“投资”，不如称其为“资产管理”较为合适。

日本国内股票是指日本的株式会社[①]为了收集资金或周转

① 类似我国的股份有限公司(Stock Corporation)。

资金而向不特定多数人法学的有价证券。作为股票，首先可以买卖，如果判断得当则可以赚取差价。其次，由于股票是作为向企业的出资，企业虽然没有对投资人返还该出资金额的义务，但是，投资人一旦购买了该企业的股票，则拥有了出席企业股东大会以及领取企业分红等权利。很多投资人会购买一些上市公司的股票，根据这些上市公司的经营状况，随时调整投资策略。

外国债券是指欧美等国的政府、亚洲基础设施投资银行[①]、世界银行、亚洲开发银行等国际机关或者外国企业所发行的债券。其构造和上述日本国内债券基本一致。

外国股票是指外国企业发行的股票。其构造和上述日本国内股票也基本一致。但是，外国债券或者外国股票的发行人通常会以本国货币发行债券或股票，因此，存在汇率风险[②]。因此，在做此投资时，往往需要用到金融学上的对冲[③]手法。

对冲在外汇市场中最为常见，重在避开单线买卖的风险。所谓单线买卖，就是看好某一种货币就做“买空”，看淡某一种货币，就做“沽空”。如果判断正确，所获利润自然极多，但如果判断错误，损失亦会极大。所谓对冲，就是同一时间买入一种外币，作“买空”，另外亦要沽出另外一种货币，即“沽空”。理论上，买空一种货币和沽空一种货币，要银码相同，才算是真正的对冲盘，否则，两边大小不一样就做不到对冲的功能。

同理，在对外国债券或者外国股票的投资方面，也应该充分考虑对冲理论，不将所有资金投资到一个国家的债券或者股票

---

① 简称“亚投行”。英语表述为：Asian Infrastructure Investment Bank (AIIB)。总部设在我国。

② 汇率风险又被称为：外汇风险(Foreign Exchange Exposure)。

③ 在英语中被称为：hedge。在日语中被称为：ヘッジ。

中去，而是尽可能地对不同国家的债券或者股票分散投资，以降低汇率风险。

短期资产指的是短期融资、短期国债（TB）等可以及时进行给付的待机资金。

作为一个谨慎理性的投资人，一般会对以上五类投资方向进行混合投资，以抵御风险。作为日本国民年金及厚生年金的管理运用机关的年金累积金管理运用独立行政法人①（GRIF），其也一直遵守作为一个谨慎理性的投资人的责任，对其管理运用的年金资产以以下比例进行运营。其中对日本国内债券的投资超过了2/3，可见其作为管理公民的国民年金及厚生年金的投资管理运用机关的谨慎程度。例如，(1) 日本国内债券：67%；(2) 日本国内股票：11%；(3) 外国股票：9%；(4) 外国债券：8%；(5) 短期资产：5%；合计：100%。

笔者认为，将年金资产投资到上述五类投资领域中时，需要综合考虑各类投资领域的特征以及其风险，因此，将上述五类投资领域的基本概要及特征以及主要风险罗列在表11-1中，供读者参考。

表11-1　主要投资领域的概要、特征以及风险

	概要、特征	主要风险
日本国内债券	·由日本政府、地方公共团体、企业发行 ·在发行该债券时决定其利率、到期日等内容	·金融利率风险 ·信用风险

① 日语原文为：年金積立金管理運用独立行政法人（ねんきんつみたてきんかんりうんようどくりつぎょうせいほうじん）。

续 表

	概要、特征	主要风险
日本国内股票	・由日本株式会社发行 ・投资人作为股东领取分红，可以对股权进行交易，并且可以在一定程度了解并参与公司的经营活动	・价格变动风险 ・信用风险 ・公司破产风险
外国债券	・由外国政府、国际机关、外国企业等发行 ・在发行该债券时决定其利率、到期日等内容	・价格变动风险 ・信用风险 ・公司破产风险 ・汇率风险
外国股票	・由外国 Stock Corporation（株式会社）（股份有限公司）发行 ・投资人作为股东领取分红，可以对股权进行交易 ・参加股东大会成本较高，普通投资人一般不会直接参与公司的经营活动	・价格变动风险 ・信用风险 ・公司破产风险 ・汇率风险
短期资产	・主要指储蓄金、短期融资、短期国债等	・信用风险

上述五大分类是对投资领域的一般性分类，可以作为一个大致参考。其实对于股票市场，可以将日本和其他国家的股票作为一个整体进行投资。基于金融投资理论，与其将股票市场按照国家进行分别分析，不如将其作为一个进行投资分析进而提高年金资产的运用效率。而且日本年金累积金管理运用独立行政法人对于日本国内股票和外国股票的投资比例基本相同，现在全球经济已经逐渐一体化，将各国的股票作为一个整体进行统合投资，更能实现规模经济并且削减运营管理成本。

简单而言，比起用1亿日元进行投资，用2亿日元进行投资肯定更有规模经济的效果。而且，如果将日本国内股票和外国股票进行统一投资，相关管理成本及人力成本也会减半。因此，在实际投资时可以对上述五大分类进行一定程度的变通。

第二节　年金资产投资运用的注意点

首先读者需要注意的是年金资产的投资和一个国家的经济形势密切相关。一个国家的经济形势在某一阶段可能会走高，在另一个阶段可能又会走低。在一个国家经济的上升期，可能只需要对本国的有价证券进行中长期的投资就可以得到足够的回报。但是，一旦一个国家的经济形势走低，很多投资者或者投资理财公司为了保证以往的收益率往往会进行一些风险极高的投资，最终很可能会带来巨大的损失。作为一个投资者，必须对自己及家人负责，因此，对待事关自己年老之后生活的年金资产投资这一问题需要谨慎及理性。作为一家投资理财公司，更应对其客户履行善良管理人义务①以及忠实义务②。通过专业的投资理论及投资经验对客户的资金进行合理的分散投资，以保证客户利益的最大化。关于年金资产的投资，笔者给出以下四点基本建议，供读者参考。

① 在日语中被称为：善管注意義務（ぜんかんちゅういぎむ）。

② 在日语中被称为：忠実義務（ちゅうじつぎむ）。

1. 金融投资有风险，有着极强的变数，需要理性分析，尽可能地委托专业人员进行投资理财。

2. 在进行年金资产的投资时，不要轻信任何一个金融领域的宣传，要随时带着怀疑的眼光对相关金融产品进行审视。

3. 不被其他年金资产投资人所左右，即使该投资人的情况与自己相近，也要随时保持独立思考的能力，不盲目跟风。

4. 远离极其不明确的风险，时刻关注经济形势的变化。

另外，之前所论述的日本国民年金、厚生年金、企业年金都有制度保障以及规模经济的效益，作为个人可以在一定程度上安心地加入该类年金。但是，由于在我国及日本存在很多个人年金，而个人年金的加入群体规模又较小，故其规则不是十分明确。很多人对公有年金今后的财政状况持有怀疑态度，因而会另外对个人年金进行投资，想要确保自己年老之后的生活无忧。但是，国家对个人年金的指导及监管毕竟不如公有年金。因此，无论是我国公民还是日本公民对投资个人年金应该注意以下几类投资陷阱。

(1) 一旦发生通货膨胀，加入个人年金反而会遭受损失。通货膨胀是现代人经济生活中可能遭遇的最大的危机之一。个人年金由于其规模较小，没有导入笔者之前所说的年金保险给付的自动浮动制度。因此，投资人加入个人年金之后，在绝大多数情况下，在达到退休年龄时只能按照缴纳保险费的110%至120%受给付。但是，参照全球经济近30年来的通货膨胀，通货膨胀的程度可能已远超10%或者20%，膨胀了数倍甚至数十倍。因此，一旦加入没有导入年金保险给付自动浮动制度的个人年金，虽然账面上获得的金钱数量会增加，但是，很可能因通货膨胀而遭受实际的损失。

而且，个人年金对于投资者的个人资产的流动性的影响也不容忽视。个人年金的性质不同于储蓄，在缴纳个人年金保险费的过程中，投资者对这些年金保险费是不能自由支配的。一旦发生通货膨胀或者其他危机，投资者不能及时将这笔金钱做其他投资，只能接受遭受损失的事实。因此，在加入个人年金之前，个人必须仔细阅读其缴纳保险费的规则以及年金受给付规则，以确保自己可以随时规避风险。

(2) 许多个人年金的手续费以及所需花费的人力成本过高。许多个人年金理财产品在获得最终的给付之前会要求投资者支付高额的管理手续费。而且，如果对个人年金进行的中途解约，很可能会被要求支付违约金，从而导致最终不能保本的危险。

作为一个理性谨慎的投资者，很多人会对保险公司对于年金资产的管理运营不太放心，需要时常对保险公司的管理运营进行监督及交涉。这样就会在无形中增加很多人力成本以及时间、精力成本。如果把相同的时间、精力放在其他工作上，或许会获取更多的经济利益。因此，在加入个人年金之前，对于管理运营个人年金的保险公司的选择至关重要，需要多方面考察其运营制度以及社会评价，否则，将会被牵扯巨大的时间、精力，甚至可能最终需要通过诉讼解决解约问题，此时投资者会付出更多的金钱及人力成本。

(3) 保险公司可能会比自己先“死亡”。国民年金、厚生年金都是通过政府进行运营的，具有相当高的稳定性。但是，运营个人年金的保险公司都是私人企业，其很可能因为经营困难而面临破产的困境。现代人的平均寿命大约是80岁，但是寿命超过80年以上保险公司其实并不多，因此，保险公司在投资者死亡之前就因为某种原因而结束经营活动的可能性很高，这对于投资者来说是一种极大的风险。

日本在其泡沫经济破灭之后，由于不良债权的累积，像东邦生命、日产生命等大型保险公司都因为经营问题而破产，这对我国来说就是一个前车之鉴。如果该保险公司破产之后，其责任准备金仍旧可以支付所有投资者的个人年金的话，投资者还是可以获得预期的给付。但是，根据发达国家的保险公司的实际情况，绝大多数都是保险公司预备的责任准备金，只能够支付其应当支付年金的80%左右。也就是说，一旦这些保险公司破产，投资者只能获得其应当获得的年金数额的80%左右。根据之前的分析，这些投资者很可能将面临不能回本的风险。因此，任何公司都有破产的可能，经营个人年金的保险公司的破产风险是需要投资人预先考虑的。

第三节　通过投资创造“自我年金”

任何一个国家都会出现经济增长放缓、劳动人口减少、老龄人口增加等情况，此时每个公民可以获得的年金金额很可能不足以支撑其年老后的生活。因此，我们需要时刻怀有危机意识，通过自身在投资方面的努力而为自己年老后的生活储备足够的资金。

笔者认为，其实在公有年金和私有年金之外，还应该有“自我年金”这一概念。公有年金是国家对公民的福利，企业年金是公司对员工的福利，而我们每个人也可以自己为自己创造福利，每个人其实都可以通过自身的投资建立“自我年金”。我们如果在投资方面不懈努力，可以通过长期投资为自己创造出一笔可观的资金。

公有年金是政府对公民在社会福祉方面的保障。但是，在年老之后的生活来源方面如果过于依赖公有年金的话，就会有依赖心理，从而消磨公民对自己生活经济来源的自我救助精神。因此，笔者认为，可以在公有年金和私有年金之外，增加“自我年金”这一分类。增加这一理论分类旨在强调公民通过自身的投资来改善自己年老后的生活质量。

在进行投资之前，我们应注意以下几点事项：

1. 只在自己的理解范围内进行投资。

2. 只跟随普遍的投资方法是无法积聚财富的。

3. 在大环境不佳时就及时收手。

4. 将自己保持在能够专心进行投资研究的环境中。

5. 多元化投资（在行情上涨时，可以通过贱买高卖的方式获取利润；在行情下跌时，可以通过高卖贱买的方式获取利润）。

6. 分散投资。

7. 新兴国家潜力巨大，可以在防范基本风险的基础上尝试对其投资。

第四节　投资的诀窍

一、债券投资

在经济形式极其复杂的今天，要时刻保持忧患意识，在投资时，不应当把所有资金作为高风险投资，将一部分资金进行长期稳定性的投资是十分必要的。

国债或者公司债券虽然回报率并不高，但却是可以实实在在获得利润的投资领域。因此，作为一个理性谨慎的投资人，无论你拥有多少资金，都应当将一部分资金用作国债或者公司债券的投资。

所谓国债，即国家为筹集资金而发行的债券。购买国债实际上等于将资金借与国家，从而获得利息。而企业为筹集资金而发行的债券被称为公司债券。国债和公司债券可以被统称为债券。

国债是国家发行的债券，一般来说，具有很高的安全性（除去希腊等国发生信用危机等个别情况）。当然其利息也要低于公司债券。公司发行债券需要具有一定的信用度，一般市场上会对公司债券进行信用评级。购买债券其实相当于借人钱财，需要考虑对方的信用风险，如果购买了经营状况不佳的公司的债券或者信用评级较低的债券，很可能因为该公司的破产而导致购买债券的资金完全无法回收的情况。

如果有一定额度的资金，要想取得稳定收益，投资国债是最保险的方法。现在日本国债的年利率一般在 0.5%—1.0%左右，美国国债的年利率一般在 2.5%—3%左右，澳大利亚国债的年利率一般在 4.0%—4.5%左右。根据标准普尔评级[①]，信用等级越高的国家其国债年利率也会越高。现在澳大利亚的信用等级为 AAA 级（最高级），澳大利亚的国债具有稳定以及高利率的特点，在现阶段，投资者可以放心投资。

对于我国的投资者来说，特别要注意外国货币对人民币的汇率变化。近年来，澳币对人民币的汇率一直在 15%左右上下浮动，一旦投资者在汇率方面损失了 10%左右，即使将来获得了 4.0%的年利率，对投资者来说还是一笔亏损的投资。因此，在对外国债券进行投资时，投资者需要时刻关注汇率变化，尽量在外国货币汇率走低时买进并进行投资，在外国货币汇率走高时卖出并结束投资。

二、股市投资

目前，日本共有大约 400 万家公司，其中，3 500 家为上市公司。只要是上市公司，其股票就可以通过证券公司自由交易。在全球范围内，美国的股票市场大约占了全球股票市场的 1/3，但是，新兴国家的市场份额在不断扩大，今后投资者可以对新兴国家的股票市场予以关注。

近年，日本的股票市场相对比较稳定，在医药品、银行、综合

① 在英语中被称为：S&P Global Ratings。在日语中被称为：S＆P グローバル・レーティング。

商社、通信等领域的公司股票的年收益率一般可以在2%以上，高于日本国债。对于这些领域的公司，无论是企业投资人还是个人投资者都可以尝试投资。表11－2是发行高年收益率公司股票的主要大型企业的列表。

表11－2 日本发行优质股票的主要大型企业

中文名称	日文名称
医药品行业	
武田药品	武田薬品（たけだやくひん）
安斯泰来制药	アステラス製薬
银行业	
瑞穗金融集团	みずほフィナンシャルグループ
三井住友金融集团	三井住友フィナンシャルグループ
综合商社行业	
伊藤忠商事	伊藤忠商事（いとうちゅうしょうじ）
三井物产	三井物産（みついぶっさん）
三菱商事	三菱商事（みつびししょうじ）
通信行业	
KDDI	ケーディーディーアイ
NTT DOCOMO	エヌティーティードコモ

投资股票之前首先需要进行行业分析以及企业经营状况分析。任何一个时代都是具有发展潜力的行业和夕阳产业。如果一个企业所属的行业正在被时代淘汰，那么，无论其在经营方面

如何努力都很难扩大规模。然后，在具有发展潜力的行业里面既有经营优良的企业也有经营不良的企业，这有可能是因为历史原因所造成的，也有可能是人为因素造成的。投资者在决定投资股票之前，需要认真收集该公司所有相关材料，仔细分析公司所公开披露的各项经营信息。没有经过事先对相关企业的分析而投资该企业的股票是不可取的。

三、不动产投资及投资信托

所谓不动产，即土地、建筑物等定着物的总称。我国和日本的不动产平均价格较欧美等国高，我国和日本的投资人都有投资不动产的习惯。在日本投资不动产时，可以通过不动产投资信托[①]（以下简称 REIT）进行投资。一般投资不动产需要一大笔资金（一般为 100 万元人民币以上），而通过 REIT 进行投资的话，可以以 10 万元人民币左右的金额展开投资。而且，换取利润也相对快捷。可以说，REIT 提供的服务对投资人来说是具有一定吸引力的。

目前，在东京直接投资不动产的年纯收益大致为 8%，如果通过 REIT 投资的话，每年预计收益大致为 2%—5%。如果直接投资不动产，光维护该不动产就需要支出许多经费。比如，清扫费用、垃圾处理费用、公益费、税收[②]、水电煤等。根据笔者的计算，在日本投资不动产的话，这些支出将占总收益的 20%—30%左右。如果每年投资不动产的纯收益为 8%的话，再将该

① 日语原文为：不動産投資信託（ふどうさんとうししんたく）（REIT）。
② 在日本拥有不动产将被征收固定资产税。

利润扣除20%到30%左右的费用支出，实际收益将不满5%。而且，如果是个人投资者投资不动产的话，还会被征收个人所得税，实际到手的利润将会变得更低。而REIT的每年预计收益为2%—5%，该收益起初看起来可能会不如直接投资不动产高。但是，REIT的收益更加稳定，而且REIT可节省人力成本。因此，如果在日本投资不动产，通过REIT进行投资是一个很好的选择。

另外，现在日本的人口基本都集中在东京或者大阪等都市圈，特别是东京的劳动人口每年都在增加。因此，在东京等都市圈投资不动产将会获得更加稳定的收益。在投资之前，可以对相关地段进行调查，明确所投资的不动产的定位。如果该地段有大学，则投资面向学生的租赁不动产更为合适。对于不动产的投资，应该在听取REIT的专业建议的同时，通过自己的实践随时对投资行情进行分析。

第五节　根据起始资金的不同而选择投资内容

在现代社会中，现金会因为通货膨胀而贬值，股市会受世界经济是否景气的影响而动荡，不动产也会因为种种原因而出现价格浮动。而且，随着商品经济的不断发展，无论是养老、娱乐还是子女的教育都需要经济基础来支撑。因此，为了保证一个家庭良好的经济状况，人们在努力工作之外，也需要在投资方面做出努力。特别是在退休之后收入减少时，对年金资产的投资运用尤为重要。

一、起始资金为0元时的投资方式

如果因为买房或者子女的教育经费而在中年时期花费了大量资金，从而导致到了快退休的年龄还没有积蓄的话，可以通过每个月的小额投资慢慢积累资金。现在许多银行和证券公司都有小额投资的理财产品，可以通过不断累积利润的方式进行资本累积。如果按照表11－3所示，每个月投资5万日元（3 000元人民币左右）的话，可以在15年后积累1 300万日元（80万元人民币左右）以上的资本。

表11－3　资金运用实例（起始资金为0）

投资类别	本　金	假定利息（每年）	15年之后的本金（按照复利计算）
日本ETF①	每月2.5万日元	8.0%	810万日元
美国债券基金	每月2.5万日元	3.0%	550万日元
总　计			1 360万日元

二、起始资金为15万元人民币至20万元人民币（大约300万日元左右）时的投资方式（稳妥投资运用方式）

如果在中年时期或者快退休的时候拥有大约15万元人民

① 英语 Exchange Traded Fund 的简称。在日语中被称为：上場投資信託（じょうじょうとうししんたく）。

币至 20 万元人民币(大约 300 万日元左右)的资产,光靠银行储蓄是很难在年老后维持和工作时期相同的生活质量。因此,需要在银行储蓄之外,考虑其他的投资方式。

投资并非投机,应该仔细制定投资计划,通过 10 年至 15 年左右的努力,为自己创造"自我年金"以保证年老后可以过和自己年轻时相同甚至更好的生活。当然,只要是投资就可能"赚",也可能"赔",有可能将本金变为原先的 10 多倍,也有可能全部亏损。在进行投资时尽量进行长期分散投资,使用对冲手法,使得即使部分投资项目亏损,也可以立即通过其他投资项目的盈利额来弥补亏损,从而通过长年累积,取得一定的投资利润。

如果投资人拥有大约 15 万元人民币至 20 万元人民币(大约 300 万日元左右)的资产的话,可以将其资产三等分,1/3 作为日元投资,1/3 作为美金投资,其余 1/3 作为澳元投资。

美国作为经济大国,其投资市场一向对投资人来说具有一定的吸引力。如果要对美国的不动产进行中小数额的投资,可以通过美国上市不动产投资信托(以下简称美国 REIT)进行。美国 REIT 比起日本的 REIT 来说,投资种类更为丰富,在传统不动产投资领域之外,还可以对仓库、物流设施、商业设施等进行投资。

澳大利亚的经济规模虽然不算太大,但是与其他发达国家相比,澳大利亚的储蓄利息是相当高的,对澳大利亚进行澳元定期储蓄投资或者债券投资,会获得一些稳定的收益。

另外，可以运用金融上的对冲手法对日元进行定期储蓄的投资，以便起到防止汇率风险的目的（见表11-4）。

表11-4　资金运用实例（起始资金为300万日元）（稳妥投资运用方式）

投资类别	本　金	假定利息（每年）	15年之后的本金（按照复利计算）
日元定期储蓄	100万日元	0.01%	100万日元
美国REIT	100万日元	4.0%	180万日元
澳元定期储蓄	100万日元	3.0%	160万日元
总　计	300万日元	—	440万日元

三、起始资金为15万元人民币至20万元人民币（大约300万日元左右）时的投资方式（积极投资运用方式）

如果起始资金仍为15万元人民币至20万元人民币（大约300万日元左右），若投资人愿意比较积极地进行投资的话，可以考虑在投资美国REIT和澳元定期储蓄之外，对日本股票进行投资。众所周知，股市具有风险。但是，经营状况良好的国际大型企业的股价会随着其公司规模及品质的提升而稳步升高。若对优良企业的股票长期投资的话，即使其出现一时的下跌，通过时间的积累，也会恢复到原先水平并会再次升值。表11-5为具有积极性的投资运用方式，比起表11-4中的投资项目获得的利润更大，但是，承担的风险自然也更大。

表 11－5　资金运用实例(起始资金为 300 万日元)
(积极投资运用方式)

投资类别	本　金	假定利息(每年)	15 年之后的本金(按照复利计算)
日本股	100 万日元	8.0%	320 万日元
美国 REIT	100 万日元	4.0%	180 万日元
澳元定期储蓄	100 万日元	3.0%	160 万日元
总　计	300 万日元	—	660 万日元

四、起始资金为 35 万元人民币至 40 万元人民币(大约 600 万日元左右)时的投资方式(稳妥投资运用方式)

如果有 35 万元人民币至 40 万元人民币(大约 600 万日元左右)的本金的话,可以将其分为四部分进行投资。首先将资本金的一半兑换成美金,之后用一部分资金对美国 REIT 进行投资,用另外一部分资金对美国的高收益债(High yield bond)进行投资。美国的高收益债(High yield bond)虽然回报率很高,但是其债券的信用程度往往不高,因此,对美国的高收益债(High yield bond)的投资应以资本金的 1/4 为限。

对于剩余的一半资本金,可以将其一部分进行澳元定期储蓄投资。根据上述分析,澳元储蓄投资的利息较高,可以通过利滚利的方式缓慢积累资金。最后将一部分资金进行日元储蓄投资,以备不时之需(见表 11－6)。

表 11-6　资金运用实例(起始资金为 600 万日元)(稳妥投资运用方式)

投资类别	本　金	假定利息(每年)	15 年之后的本金(按照复利计算)
日元储蓄	150 万日元	0.01%	150 万日元
美国 REIT	150 万日元	4.0%	270 万日元
美国 High yield bond 上市投资信托	150 万日元	4.0%	270 万日元
澳元定期储蓄	150 万日元	3.0%	230 万日元
总　计	600 万日元	—	920 万日元

五、起始资金为 35 万元人民币至 40 万元人民币(大约 600 万日元左右)时的投资方式(积极投资运用方式)

根据之前的说明，如若进行较为积极的投资，可以将资金投入到日本股市和美国股市。虽有一定的风险，但回报率很高。如果投资人对交易股票的优劣难以做出判断的话，笔者推荐对 ETF 进行投资，通过作为上市投资信托的 ETF 可以在全球范围内对大型企业的股票进行各种金额的投资(见表 11-7)。

表 11-7　资金运用实例(起始资金为 600 万日元)(积极投资运用方式)

投资类别	本　金	假定利息(每年)	15 年之后的本金(按照复利计算)
日本股	150 万日元	8.0%	480 万日元
美国 REIT	150 万日元	4.0%	270 万日元

续 表

投资类别	本 金	假定利息（每年）	15 年之后的本金（按照复利计算）
美国股	150 万日元	8.0%	480 万日元
澳元定期储蓄	150 万日元	3.0%	230 万日元
总 计	600 万日元	—	1 460 万日元

六、起始资金为 60 万元人民币至 70 万元人民币（大约 1 000 万日元左右）时的投资方式（稳妥投资运用方式）

根据关于中日两国的家庭平均存款数额的相关统计，一个家庭的存款总额平均大约是 100 万元人民币左右。在没有特别的支出时，一般可以拿出 60 万元人民币至 70 万元人民币（大约 1 000 万日元左右）进行投资，从而在保证自己年老后生活质量的同时也可以为子女留下一定的财富。

2008 年的全球金融危机发生后，日本和美国的股市在两个月内下降了 40%左右，很多投资人遭受了巨大的损失。除此之外，日本的泡沫经济破裂、美国的“黑色星期一”等都让全世界的投资人陷入了恐慌的状态。笔者认为，如果投资人对于此类风险比较担忧或者经济状况难以承受此类风险的话，可以选择下列稳妥的投资方式（见表 11－8）。

表 11－8 资金运用实例（起始资金为 1 000 万日元）（稳妥投资运用方式）

投资类别	本 金	假定利息（每年）	15 年之后的本金（按照复利计算）
日元储蓄	200 万日元	0.01%	200 万日元

续　表

投资类别	本　金	假定利息（每年）	15年之后的本金（按照复利计算）
日本REIT	200万日元	4.0%	360万日元
美国High yield bond上市投资信托	200万日元	4.0%	360万日元
美国债券投资信托	200万日元	4.0%	360万日元
澳元定期储蓄	200万日元	3.0%	310万日元
总　计	1 000万日元	—	1 590万日元

七、起始资金为60万元人民币至70万元人民币(大约1 000万日元左右)时的投资方式(积极投资运用方式)

如果要进行较为积极的投资，则可以对日本和美国的ETF进行一定数额的投资。并且，巴西和印度等国作为新兴国家，其国债以及股市极具投资潜力，投资者可以在了解巴西和印度等国的投资环境之后对其进行投资。而且对巴西和印度等国进行投资的话，可以一定程度上规避汇率风险。

此外，对多国金融市场进行投资时，可以主要对有升值潜力的货币进行投资。比如，可以在人民币或者日元处于较低价位时，将人民币或者日元交换为其他有升值潜力的货币，在经过一定的投资期间后，在获得投资回报的同时也将获得汇率差价上的回报(见表11-9)。

表 11-9　资金运用实例(起始资金为 1 000 万日元)
(积极投资运用方式)

投资类别	本　金	假定利息(每年)	15 年之后的本金(按照复利计算)	15 年之后所持有的总金额(加算汇率收益)
日本股	200 万日元	8.0%	630 万日元	630 万日元
美国股	200 万日元	8.0%	630 万日元	690 万日元
美国 High yield bond 上市投资信托	200 万日元	4.0%	360 万日元	400 万日元
澳元定期储蓄	200 万日元	3.0%	310 万日元	340 万日元
巴西国债	200 万日元	6.0%	480 万日元	530 万日元
总　计	1 000 万日元	—	2 410 万日元	2 600 万日元

八、起始资金为 600 万元人民币至 700 万元人民币(大约 1 亿日元左右)时的投资方式

如果拥有 600 万元人民币至 700 万元人民币(大约 1 亿日元左右)的资金,投资者可以采取分散投资的方式,由于本金较大,可通过分散投资以确保本金稳定增长。

由于拥有较大数额的本金,因此,需要时刻调整投资战略,可以以 1 年或者 5 年作为一个周期将资本金对不动产、股票、美国金融机关的劣后债权、澳元定期储蓄、巴西国债等进行投资。由于投资者本金较大,其完全可以承受一定的风险,因此,推荐对劣后级债权进行投资。但是,需要注意的是必须要分散投资。只要进行分散投资,即使一部分投资出现不利

的情形，也可以在其他投资项目上弥补回来（见表 11－10、表 11－11、表 11－12）。

表 11－10　资金运用实例(起始资金为 1 亿日元)

投资类别	本　金	假定利息（每年）	5 年之后的本金（按照复利计算）	5 年之后所持有的总金额（加算汇率收益）
日元储蓄	2 000 万日元	0.01%	2 000 万日元	2 000 万日元
日本 REIT	1 000 万日元	4.0%	1 800 万日元	1 800 万日元
外汇定期储蓄	1 000 万日元	2.0%	1 350 万日元	1 350 万日元
美国 High yield bond 上市投资信托	1 000 万日元	4.0%	1 800 万日元	2 000 万日元
美国债券投资信托	1 000 万日元	4.0%	1 800 万日元	2 000 万日元
美国劣后债权	1 000 万日元	5.0%	2 100 万日元	2 300 万日元
澳元定期储蓄	2 000 万日元	3.0%	3 100 万日元	3 400 万日元
巴西国债	1 000 万日元	6.0%	2 400 万日元	2 600 万日元
总　计	1 亿日元	—	1.635 0 亿日元	1.745 0 亿日元

表 11－11　资金运用实例(起始资金为 1 亿日元)

投资类别	本　金	假定利息（每年）	收益（每年）
日元储蓄	2 000 万日元	0.01%	0 万日元
外汇定期储蓄	2 000 万日元	2.0%	40 万日元
美国优先债权	2 000 万日元	4.0%	80 万日元
美国劣后债权	1 000 万日元	5.0%	50 万日元

续　表

投资类别	本　金	假定利息 (每年)	收益(每年)
澳元定期储蓄	2 000万日元	3.0%	60万日元
巴西国债	1 000万日元	6.0%	60万日元
总　计	1亿日元	—	290万日元

表11-12　资金运用实例(起始资金为1亿日元)

投资类别	本　金	假定利息 (每年)	收益(每年)
日元储蓄	1 000万日元	0.01%	0万日元
不动产投资(1)	2 500万日元	3.0%	75万日元
不动产投资(2)	2 500万日元	3.0%	75万日元
美国优先债权	1 000万日元	4.0%	40万日元
美国劣后债权	1 000万日元	5.0%	50万日元
澳元定期储蓄	2 000万日元	3.0%	60万日元
总　计	1亿日元	—	300万日元

第十二章

各国年金制度及各国年金制度的展望

第一节 我国的年金制度

关于我国的公有年金制度，根据公民本人的户籍类型（城市户口或者农村户口）以及是否从事工作的情况，其加入的公有年金有所不同。大致可以分为：以城市职工为主要对象的“城镇职工基本养老保险制度”；以城市居民（非就业人口）为主要对象的“城镇住民社会养老保险制度”；以农村住民为主要对象的“新型农村社会养老保险制度”。

原则上，城市职工有缴纳养老保险金的义务。但是，非就业人口和农村住民可以选择是否加入养老保险制度。

我国在完善公有年金制度的同时，也在大力发展私有年金制度。1991 年，我国以大型国有企业为中心导入了企业年金制度。随着我国社会经济的不断发展，在 2004 年对企业年金制度相关法律进行了修改，也正是从 21 世纪开始我国的民营企业开始正式导入企业年金制度。

我国的企业年金制度主要面向的是城镇职工，城镇职工在加入企业年金制度前需要加入公有年金制度，也就是城镇职工需缴纳保险费。现在我国的企业年金制度的覆盖率已经接近 10%，并且在不断地完善和发展。

笔者将我国的年金制度以表 12－1 的方式展现给读者，

希望大家可以通过下表了解我国年金制度的大致构造及脉络。

表 12-1　我国的年金(养老保险)制度

公有年金的体系	纳税方式+基金方式
关于被保险人	城市→原则上强制 农村→原则上任意
关于保险费	企业方：工资总额×20%(根据不同地域有细微差别) (第1阶段) 员工方：工资总额×8% (第2阶段) 在进行保险费计算时,上限为当地平均工资的300%
开始给付年金的年龄	女：55岁 男：60岁(需要累计缴付15年以上的保险费)
给付水准	大约为工资的40%左右
制度设计	第1阶段→纳税方式、企业方负担 第2阶段→基金方式、员工方负担
关于国库的负担	原则上不依靠国家财政
个人年金信息系统	正在完善个人年金信息等数据
对于无年金收入人员的救济	给付失业保险
关于私有年金	私有年金制度作为公有年金制度的补充而存在 通过《企业年金办法》和《企业年金基金管理办法》来对私有年金制度进行监督和指导

第二节　美国的年金制度

美国以1929年的经济危机为契机，在1935制定了美国的社会保障法。从表12-2中可以看出美国的年金制度分为两个阶段。第1阶段的社会保障年金制度（OASDI），所有的个体工商业者、公司职员、公务员都可以加入。给付标准大约为在职时工资的40%左右。公司职员可以加入第2阶段的企业年金，而公务员可以加入第2阶段的美国各州及地方政府年金以及联邦劳动者退休年金。

表12-2　美国的年金制度

第2阶段	企业年金	美国各州及地方政府年金	联邦劳动者退休年金
第1阶段	社会保障年金制度（OASDI）		

美国的企业年金的覆盖率很高，覆盖了50%的私人企业的员工。随着美国近年导入了401(k)制度，其第1阶段和第2阶段的年金给付金额的总和可以达到相关人员在职时期工资的60%至70%，而且此给付标准今后应该会继续提升。

此外，美国对于企业年金设立了完善的支付保证制度。一旦相关企业无法履行企业年金的给付，美国的年金给付可以保证社会代为履行保证责任。这是美国企业年金制度覆盖率极高的一个重要原因，我国在完善企业年金制度时也可以参考美国对企业年金的支付保证制度。

第三节　瑞典的年金制度

瑞典在 1999 年对年金制度进行了改革，全面导入了缴付额确定制度，并且确立了最低年金金额的保证制度。关于瑞典的这次年金制度改革，以下三点最引人关注。

1. 构建了一元化的工资比例年金制度，并且全面引进最低保证制度。

2. 导入了自动收支均衡机能。

3. 从给付额确定制度全面变更为缴付额确定制度。

瑞典构建了全国范围的一元化缴付额确定年金制度之后很好地节省了年金手续上的人力成本及财力成本。由于是在全国范围内统一根据工资比例进行年金给付，故其不但具有极高的公平性，而且具有鼓励劳动者（主要指个体工商业者）正确申报自己收入，合法纳税的作用。另外，由于瑞典的年金给付金额是一个不断累加的过程，因此，如果劳动者退休后继续工作的话，可以获得更多的年金给付，这也间接解决了瑞典劳动人口不足的问题。

当然，由于瑞典的人口规模是我国的 1/100，是日本的 1/10，所以，在参考瑞典的年金制度时应当结合我国的具体国情进行综合考虑(见表12－3)。

表12－3　瑞典的年金改革

原先制度的问题点		
年金财源不足	全部由国库负担	年金给付金额不公平
新制度的改善措施		
构建一元化的工资比例年金制度,并且导入关于给付的自动收支均衡机能。	废止国库负担,根据保险原理进行年金制度的运营。	工作年限越长,所获得的年金给付金额越多(鼓励劳动者退休后继续工作)。

第四节　关于日本年金制度及各国年金制度改革的展望

本书详细论述了日本的公有年金制度和私有年金制度,日本作为一个亚洲国家,第二次世界大战后形成的年金制度对我国有一定的启示作用。

现在日本的年金制度面临的最大的课题就是其人口结构不断老龄化,劳动人口不断减少。要解决此问题,不仅需要对年金制度进行改革,还需要完善医疗、福祉、护理等社会保障制度,以保证老龄人可以焕发活力,年轻人可以专心工作,生育率回升,从而达到人口结构的良性循环。要完善包括年金制度在内的整个社会保障体系,需要整个社会的紧密协作,即政府和企业之间、不同地域之间通力合作，各自承担社会责任。

笔者认为，今后日本年金制度的改革趋势主要有下列三大方向：

第一，应当尊重市场原理，学习瑞典的年金制度改革，根据市场运作的原理来运营整个年金保险体系，以确保每个公民可以获得合理、公平的年金给付金额。

第二，应当制定鼓励老龄人口就业的年金制度。根据现在日本的年金制度，由于有给付上限，如果老龄人口在退休后继续从事工作，若其工资总额和年金总额超过上限，其获得的年金数额反而会被削减。日本现在老龄化比率早已超过20%，现在需要将这部分老龄人口从年金的受给付人转变为年金保险费的缴纳人。

第三，为保证年金给付的公平性以及减少年金制度运营的行政成本，需要尽可能地构建全国范围内统一的年金制度。统一计算年金给付金额，统一管理所有国民的年金数据，以便根据经济发展以及社会发展的变化随时调整年金政策。

另外，笔者建议，如果一个国家有社会基础，不妨尝试一下废除退休制度。根据日本劳动经济学会的教授研究[①]，废除退休制度可以使整个社会的经济活动充满活力，切实解决劳动人口减少的问题。

人类社会的发展，退休制度存在了不到100年，通过退休制度去维持社会经济的发展不一定具有经济上的合理性，如果老

① 清家笃：《无需退休制度》(定年破壊)，讲谈社2000年版。

年人愿意继续工作，继续为社会奉献自己的力量，没有必要强制他们退休。因此，将退休的选择权交由每个劳动者，而不是由企业强制性规定，也许更能符合现代社会的经济规律。也许取消强制性的退休制度后，可以从根本上解决年金制度面临的严峻的财政问题。

在研究年金制度时，笔者发现，无论哪个国家构建年金制度都需要立法，明确年金的给付规则。在此，笔者希望今后世界各国可以共享关于年金的法律制度方面以及年金财政实际运营方面的相关研究，最终实现全球范围内年金数据库的共享。

最后，需要从法律上对年金受给付权进行切实地保护，才能使普通民众信任自己国家的年金制度，现在日本的年金受给付权所存在的问题如图 12－1 所示，用人单位和劳动者之间有劳动合同的法律关系，用人单位和外部年金运用管理机构之间有资产运用委托合同的法律关系，但是，最终领取年金的劳动者和外部年金运用管理机构之间却没有任何的合同关系。这就会导致如果外部年金运用管理机构对年金投资失败，劳动者将无法直接对外部年金运用管理机构要求损害赔偿。

美国《ERISA 法》中的“拟制信托”赋予了法官可以根据自己的判断，将相互之间原本没有信托法律关系的三方当事人拟制为一个信托法律关系。

以年金信托为例，劳动者、用人单位和外部年金运营管理机构之间原本没有信托法律关系，但是，此三方当事人之间实质上就是一种标准的信托关系。用人单位是年金信托的委托人，外部年金运用管理机构为年金信托的受托人，劳动者为年金信托的受益人。法官可以认定三方当事人之间存在实质上的信托法律关系，因而一旦发生投资失败等情况，劳动者可以直接对外部年金运用管理机构请求损害赔偿。因此，“拟制信托”可以保护劳动者的年金受给付权。

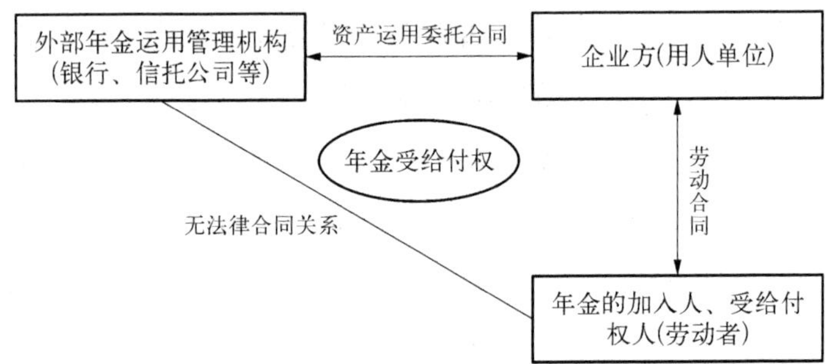

图 12-1　日本年金受给付权问题

参考文献

[1] 清水玄:《社会保险论》,有光社 1940 年版。

[2] 近藤文二:《社会保险》,东洋书馆 1948 年版。

[3] 松本浩太郎:《社会保险和社会保障》,劳动文化社 1949 年版。

[4] 近藤文二:《社会保障　自由社会中的生活保障》,东洋书馆 1952 年版。

[5] 林迪广、河野正辉:《老龄年金保障的构造和法学上的问题点》,载《季刊劳动法》1972 年第 86 号。

[6] 松本浩太郎:《年金的话题》(第 18 版),日本经济新闻社 1981 年版。

[7] 鸟山郁男:《恩给法概说》,行政 1987 年版。

[8] 道格拉斯·C.诺思:《制度、制度变迁与经济绩效》,杭行译,上海三联书店 1994 年版。

[9] 高藤昭:《社会保障法的基本原理和构造》,法政大学出版会 1994 年版。

[10] 日本总理府社会保障制度审议会事务局监修:《社会保障体制的再次构筑》1995 年版。

[11] 小盐隆士:《年金民营化的构想》,日本经济新闻社 1998 年版。

[12] 李绍光:《养老金制度与资本市场》,中国发展出版社 1998 年版。

[13] 邓大松:《美国社会保障制度研究》,武汉大学出版社 1999 年版。

[14] 吕学静:《日本社会保障制度》,经济管理出版社 2000 年版。

[15] 清家笃:《无需退休制度》,讲谈社 2000 年版。

[16] 菊池馨实:《社会保障的法理论》,有斐阁 2000 年版。

[17] Ken Johnston:"A Comparison of State University Defined Benefit and Defined Contribution Pension Plans: A Monte Carlo Simulation", Finance Service Review, 2001.

[18] 成志刚:《西方社会保障理论主要流派论析》,载《湘潭大学社会科学学报》2002 年第 3 期。

[19] 李玉潭:《日本新〈中小企业基本法〉评析》,载《当代法学》2002 年第 12 期。

[20] 日本社会保险研究所:《女性和年金》2002 年版。

[21] Juan Yermo:"Revised Taxonomy for Pension Plans, Pension Funds and Pension Entities", OECD, 2002.

[22] 林毓铭:《美日企业年金制度解读与我国企业年金制度的完善》,载《江西财经大学学报》2003 年第 4 期。

[23] 谢莎:《日本的企业年金发展与市场化运营模式及对我国的启示》,载《上海保险》2003 年第 3 期。

[24] 毛慧红、戴维周:《日本企业年金制度及其对我国的启示》,载《日本研究》2004 年第 4 期。

[25] 内田贵:《民法Ⅳ亲族、继承》(补订版),东京大学出版会 2004 年版。

[26] 仓田聪:《非正规就业的增加和社会保障法的课题》,载《季刊社会保障研究》2004 年第 40 卷 2 号。

[27] 权丈善一:《年金改革和积极社会保障政策》,庆应义塾大学出版会 2004 年版。

[28] 岩村正彦:《社会保障制度中的家庭和个人》,载《融境法学》,东京大学出版会 2005 年版。

[29] 山下友信:《保险法》,有斐阁 2005 年版。

[30] 黄立军:《企业年金广义理解与定位探讨》,载《西南金融》2005

年第 1 期。

［31］ 邓大松、刘昌平：《中国企业年金制度研究》，人民出版社 2005 年版。

［32］ 西原道雄：《社会保障法》(第 5 版)，有斐阁 2002 年版。

［33］ 诸廷助：《日本年金制度改革对中国养老保险的借鉴》，载《集团经济研究》2005 年第 2 期。

［34］ 嵩沙弥香：《年金制度和国家的作用》，东京大学出版会 2006 年版。

［35］ 李春玲：《美国企业年金制度变迁研究》，水利水电出版社 2007 年版。

［36］ 林闵钢：《社会保障国际比较》，科学出版社 2007 年版。

［37］ 朱孟楠、喻海燕：《企业年金制度发展及模式选择：日本的经验与启示》，载《日本问题研究》2007 年第 3 期。

［38］ 菅野和夫：《劳动法》，弘文堂 2008 年版。

［39］ 内田贵：《民法Ⅰ总则、物权总论》(第 4 版)，东京大学出版会 2008 年版。

［40］ 本泽巳代子：《社会保障法判例》，载《季刊社会保障研究》2008 年第 44 卷 1 号。

［41］ 宫岛洋：《社会保障和税制》，载《社会保障财源的制度分析》，东京大学出版会 2009 年版。

［42］ 王强：《中国企业年金监管体系制度构建研究》，西南财经大学博士论文 2009 年。

［43］ 福岛豪、百濑优：《残疾年金的国际动向》，载《年金和经济》2010 年第 28 卷 4 号。

［44］ 王德高：《社会保障学》，武汉大学出版社 2010 年版。

［45］ 森际康友：《正义为何》，载《书斋之窗》2011 年第 605 号。

［46］ 田中周二、小野正昭、斧田浩二：《年金数理》，日本评论社 2011

年版。

[47] 岛崎谦治:《日本的医疗制度和政策》,东京大学出版会 2011 年版。

[48] 日本年金数理人会:《年金数理概论》,朝仓书店 2012 年版。

[49] 王晓波:《战后日本年金制度研究》,东北师范大学出版社 2012 年版。

[50] 袁妙彧:《福利国家强制性企业年金制度研究》,湖北人民出版社 2012 年版。

[51] 佐佐木一郎:《年金未缴纳问题和年金教育》,日本评论社 2012 年版。

[52] 石崎浩:《公有年金制度的再构筑》,信山社出版 2012 年版。

[53] 原田大树:《例解行政法》,东京大学出版会 2013 年版。

[54] 刘昆平:《中国养老金投资资本市场研究》,江西财经大学出版社 2013 年版。

[55] 施瑶、李昂:《论中国公务员年金制度的构建》,载《法制博览》2014 年第 19 期。

[56] 新田秀树:《家族法和社会保障法的交错》,信山社出版 2014 年版。

[57] 驹村康平:《日本的年金》,岩波书店 2014 年版。

[58] 权丈善一:《年金、民主主义、经济学再分配政策的政治经济学Ⅶ》,庆应义塾大学出版会 2015 年版。

[59] 日本社会保险研究所:《被用者年金一元化法的解说》,2015 年版。

[60] 坂井岳夫:《关于高龄劳动者的雇用政策及年金政策》,有斐阁 2015 年版。

[61] 郑秉文:《中国养老金发展报告 2017》,经济管理出版社 2017 年版。

索引

C

D

F

H

J

K

L

Q

R

S

T

W

X

Y

Z

后记

关于年金制度方面的研究，现在将年金制度中公有年金、私有年金、年金受给付权、年金投资理论等内容全部整合起来的学术文献并不多。本书尽可能以简洁、易懂的语言把年金相关的法律制度及政策方向呈献给读者。希望本书不仅仅对大学及研究生院的在读生有所益处，也希望对各位需要年金相关知识的在职人员有所帮助。

世界的经济形势随时在变化，在尽可能减少风险的情况下增加年金资产，时刻了解国家的年金制度以及年金投资理论才是保证年老之后幸福生活的王道。衷心祝愿大家可以在看了本书之后能够提前设计自己年老后的生活并提前累积一定的年金资产。

本书从法学理论角度论述了今后中日两国的年金实务及政策发展方向的多个热点问题，如果各位法学者和年金业务的从业人员能够一读本书并对本书提出宝贵意见的话，作者将不胜感激。

笔者在上海的律师事务所工作之后到日本留学，希望今后能够尽自己有限的力量，为中日两国的学术研究方面及律师实务方面做出贡献。笔者将在日本留学期间所做的关于年金制度方面的研究总结为本书，如果大家对本书的内容或者中日投资贸易法律实务方面有所疑问的话，可以通过邮箱联系笔者。笔者会用中文、日语、英语进行及时的回应。

笔者在日本的留学生活虽然经历了很多艰难困苦，在异国他乡屡受挫折，但是能够接触到法学领域的顶尖学者是笔者在日本留学期间最为宝贵的经历。笔者时刻感觉到要将从庆应义塾大学新保教授那里学到的法学知识运用到实务及研究中去是一件很不容易的事情，需要不断地钻研，笔者今后会每天继续鞭策自己。

如果没有庆应义塾大学、复旦大学、上海交通大学各位老师以及 T&K 律师事务所各位律师的帮助，本书将难以完成。笔者在此再次向各位表达感激之情，必不忘各位前辈对笔者的恩情。

作者：翟申骏(ZHAI SHENJUN)
所属：庆应义塾大学后期博士课程
庆应义塾大学 SFC 研究所　上席所员
上海律师协会
个人邮箱：taku199027@gmail. com
日期：2018 年 7 月 23 日

あとがき

年金の研究に関しては，現在公的年金，私的年金，年金受給権，年金投資論等を含む年金制度の全体像を把握できる文献は意外なほど少ないです。本書の執筆については，年金に関する法制度と政策の全体像をできるだけ分かりやすく描写することを心がけました。大学や大学院の在学生のみならず，老後のために年金の知識が必要なサラリーマン・サラリーウーマンにも役に立つと考えております。

老後生活の設計については，景気の変動に大きく左右されずに，リスクを抑えながら着実に年金資産を増やすには，国の年金制度や年金投資論を知ることこそが王道だといえるのです。皆様が常に冷静に世の中をみながら着実な年金運用を行って，安定した老後の生活設計ができる資産形成をされることを，心からお祈りいたします。

本書は，法的な論点を詰めて議論し，今後の日中両国の年金実務や政策立案過程において問題となりうるテーマについては言及しましたので，法学者や年金関係の実務家には是非本書をご一読いただきたいです。

執筆者は，上海の法律事務所で勤務した後，日本に留学し，これから日中両国間の架け橋として，研究上及び実務上に一生懸命貢献していきたいと存じます。これまでの研究成果を本書でまとめております。本書の内容についても，日中ビジネス法務のことについても，もしご質問がありましたら，下記のメールアドレスにご連絡お願いいたします。日本語，中国語，英語で対応できます。

執筆者は，日本の大学院留学生活を通じて，いろいろ辛いことがありましたが，常に先生方の法律学の実践に間近で接することができたことは，私にとって何にもかえがたい貴重な経験でありました。もとより，慶應義塾大学大学院で新保研究会から受けた法律学の教えを具体的に自分の研究の中で展開させていくには，今の自分はあまりに非力ではありますが，意も新たに，今後精進を重ねていきたいと思います。

本書は慶應義塾大学の方々，復旦大学の方々，上海交通大学の方々，T&K 法律事務所の方々のご支援なくしては完成しませんでした。この場を借りてもう一度御礼申し上げます。

著者：翟　申駿（たく　しんしゅん）
所属：慶應義塾大学大学院後期博士課程
慶應義塾大学 SFC 研究所　上席所員
上海弁護士会
連絡先： taku199027@gmail. com
平成 30 年 7 月 23 日